घर बैठे
पैसा कमाएँ

घर बैठे पैसा कमाएँ

शिखा जैन

प्रभात प्रकाशन

प्रकाशक

प्रभात प्रकाशन प्रा. लि.

4/19 आसफ अली रोड, नई दिल्ली-110002

फोन : 011-23289777 • हेल्पलाइन नं. : 7827007777

इ-मेल : prabhatbooks@gmail.com ❖ वेब ठिकाना : www.prabhatbooks.com

संस्करण

2025

पेपरबैक मूल्य

तीन सौ रुपए

मुद्रक

नरुला प्रिंटर्स, दिल्ली

GHAR BAITHE PAISA KAMAYEN
by Shikha Jain

Published by **PRABHAT PRAKASHAN PVT. LTD.**
4/19 Asaf Ali Road, New Delhi-110002

ISBN 978-93-86231-04-8

₹ 300.00 (PB)

नई दुनिया, नई उड़ान,
आओ बनाएँ
अलग पहचान, घर से है काम आसान।

घर बैठे पैसा कमाएँ

लेखकीय

बचपन से ही यह बात मन को व्यथित करती रही कि स्त्रियों की स्थिति कितनी भी बेहतर हुई हो, लेकिन अधिकांश ऐसी हैं जिनके लिए कमाई करना तो दूर, अपने शौक और पैशन को समय देना भी आसान नहीं है। कभी घरेलू जिम्मेदारियों की वजह से या कभी परिवारवालों से नौकरी की परमिशन न मिल पाने के कारण उनका यह सपना अधूरा ही रह जाता है। मेरे संपर्क में ऐसी अनेक स्त्रियाँ भी आईं जिनमें अपार क्षमताएँ थीं, लेकिन वे स्वयं ही अपनी काबिलियत से अनजान थीं। कहीं आत्मविश्वास की कमी थी, कहीं संसाधनों की, तो कहीं प्रोत्साहन की। इसी सोच ने मुझे प्रेरित किया कि कुछ ऐसा रास्ता निकाला जाए, जिससे महिलाएँ घर बैठे ही अपनी पसंद का काम कर सकें और कुछ-न-कुछ आर्थिक संबल भी पा सकें। जब इस क्रम में खोजने बैठी तो अनेक महिलाएँ ऐसी भी मिलीं, जो अनपढ़ होने के बावजूद अपने क्षेत्र में कामयाब थीं। आप भी ऐसी ही किसी सफल स्त्री में अपने को शामिल कर सकती हैं, जरूरत है अपने शौक को समय दीजिए और योग्य बनने की दिशा में कदम उठाइए। यह रातोरात नहीं होगा, इसके लिए सीढ़ी-दर-सीढ़ी आपको चढ़ना होगा और पूरे जोश-खरोश से जुटना होगा। आपकी इस कोशिश को कामयाब बनाने में पुस्तक के रूप में मेरा प्रयास आपके लिए मददगार होगा। इस आशा के साथ यह पुस्तक उन लाखों भारतीय महिलाओं के लिए प्रस्तुत है, जो निडर होकर अपने मकसद को शिद्दत से अंजाम देना चाहती हैं। उड़ने की कोशिश तो कीजिए! पंखों को मजबूत हम बनाएँगे।

—शिखा जैन

अनुक्रम

बेकरी बिजनेस

चॉकलेट, केक, पेस्ट्री, आइस्क्रीम, बिस्कुट, टॉफियाँ, स्वीट्स आदि का नाम लेते ही मुँह में पानी आ जाता है। वैसे इन्हें बनानेवाला कोई भी हो, पर हमें तो बस खाने से मतलब होता है। हम यहाँ बात कर रहे हैं उन महिलाओं की, जो न सिर्फ अपने घर-परिवारवालों को बल्कि रिश्तेदारों और पड़ोसियों को भी आइस्क्रीम, केक, पेस्ट्री आदि बनाकर खिलाने के साथ-साथ सिखाती भी हैं। अगर आपका भी यही शौक है तो क्यों न आप अपने इस शौक को व्यवसाय की शक्ल दें।

गुण—खाने से जुड़ी चीजों का व्यवसाय वही कर सकता है, जो पाक कला में निपुण हो। फिर चाहे वह अचार, मुरब्बा बनाना हो या चॉकलेट, केक या पेस्ट्री।

जरूरी सामान—घर पर बेकरी या कन्फेक्शनरी का काम करने के लिए आपके पास ओवन, मोल्ड्स और फ्रिज का होना बहुत जरूरी है।

कैसे करें—सबसे पहले यह तय करें कि आपको अपने इस बिजनेस को शुरू करने के लिए किन चीजों की जरूरत पड़ेगी। आपके पास किस तरह के बरतन व चॉकलेट के साँचे और उसे बनाने के लिए आवश्यक चीजें, पैकिंग का सामान होने चाहिए। ये सब चीजें तय कर लेने के बाद लिस्ट बना लें और पहले थोड़ी मात्रा में सामान खरीदें।

इस काम की शुरुआत के लिए भी आप एक समय निश्चित कर लें। वैसे आप चाहें तो यह काम दिवाली आदि पर शुरू कर सकती हैं। दिवाली के मौकों पर अपने पड़ोसियों और रिश्तेदारों को आप गिफ्ट तो देती ही होंगी, इस बार क्यों न गिफ्ट की जगह अपने हाथों से बनाए केक, पेस्ट्री और चॉकलेट ही गिफ्ट करें! इससे आपका गिफ्ट खरीदने का पैसा तो बचेगा ही, साथ ही मुफ्त में आपका प्रचार भी हो जाएगा कि आप यह काम शुरू कर रही हैं। लोग जब आपके हाथ का स्वाद एक बार चख लेंगे तो ऑर्डर खुद-ब-खुद मिलने शुरू हो जाएँगे। इसके अलावा,

आप स्थानीय अखबार में विज्ञापन भी दे सकती हैं और पैंफलेट छपवाकर भी लोगों को अपने इस काम की जानकारी दे सकती हैं। अगर आप किटी पार्टी करती हैं तो इसके जरिए आप बहुत सी महिलाओं से मिल सकती हैं और एक बार उन्हें अपने हाथ का स्वाद चखा सकती हैं। इसके बाद ऑर्डर मिलने पर आप इन्हें सप्लाई करें और वाहवाही के साथ खूब पैसा भी कमाएँ।

कुछ स्पेशल स्वीट डेजर्ट्स—एप्पल पाई, रबल्स, डेड बाई चॉकलेट, मिस्टर फज ब्राउन आदि।

ध्यान दें

- किसी भी डेजर्ट को बनाते समय हाइजीन का विशेष खयाल रखना चाहिए।
- आजकल ज्यादातर लोग फिगर और हेल्थ कांशस होते जा रहे हैं। चूँकि इस तरह की चीजों में कैलोरी की मात्रा काफी बढ़ जाती है, इसलिए इन्हें बनाते समय कैलोरी का ध्यान अवश्य रखें। अगर आप अपने द्वारा बनाई जानेवाली स्वीट्स में कैलोरी, फैट का ध्यान रखेंगी, तो शायद यह आपके बिजनेस के लिए अच्छा साबित होगा।
- जो भी बनाएँ, वह ऑर्डर के अनुसार बनाएँ। आप जो भी चीजें रखें, फ्रेश रखें; क्योंकि इसी साख पर आपका यह काम चलेगा।
- आप चाहें तो डायबिटिक लोगों के लिए नेचुरल आइस्क्रीम व केक बना सकती हैं।
- चॉकलेट आदि की पैकिंग आकर्षक होनी चाहिए, इसका खास खयाल रखें। इसके लिए आप हेल्पर भी रख सकती हैं।
- वैसे, चॉकलेट आदि का बिजनेस सीजनल है। दिवाली, न्यू ईयर, रक्षाबंधन आदि त्योहारों के मौकों पर ज्यादा ऑर्डर मिलते हैं। इसलिए, ऐसे समय में ज्यादा-से-ज्यादा ऑर्डर पर काम करें।
- अपने हाथ के बने चॉकलेट, केक, बिस्कुट, पेस्ट्री आदि को गिफ्ट में देकर अपने पैसे बचाने के साथ वाहवाही भी पा सकती हैं।
- व्यवसाय चलने में समय भी लग सकता है, पर हिम्मत न हारें।
- बेकरी का कोर्स करना बहुत जरूरी है।
- किसी से भी सीखकर, पत्रिकाओं से पढ़कर भी केक आदि बनाना सीखा जा सकता है।

केक बनाते समय ध्यान दें

- केक बनाते समय जो मैदा इस्तेमाल करें, वह ज्यादा पुराना नहीं होना चाहिए।
- चीनी बिल्कुल बारीक पीसें और उसे छानकर ही इस्तेमाल करें।
- मैदा एक ही दिशा में फेंटें, ऐसा करने पर केक अच्छा फूलेगा।
- केक पकाते समय आँच एक समान रखें। यदि इलेक्ट्रिक ओवन में पकाएँ तो तापमान 300 डिग्री से कम न रखें।
- बेकिंग डिश में नमी नहीं होनी चाहिए, वरना केक अच्छी तरह से नहीं फूलेगा और वह दबा हुआ लगेगा।

बिस्कुट बनाते समय ध्यान दें

- कुकीज को चीनी, चॉकलेट, मक्खन, अखरोट या सूखे मेवे जैसी सामग्रियों के मिश्रण की सहायता से विभिन्न विधियों का प्रयोग करके बनाया जाता है।
- सभी किस्मों की कुकीज में सामग्री मिलाने के लिए पानी का प्रयोग नहीं किया जाता। कुकीज में सामग्री मिलाने के लिए एक प्रकार का तेल इस्तेमाल में लाया जाता है। तेल मक्खन, अंडे की जर्दी या फिर वनस्पति तेल के रूप में भी हो सकता है।

विभिन्न तरह के बिस्कुट और कुकीज बनाएँ

- रेफ्रिजरेटर कुकीज—इन कुकीज को सख्त करने के लिए फ्रिज में रखा जाता है, इसलिए इन्हें 'आइसबॉक्स कुकीज' भी कहा जाता है।
- डाप कुकीज—इस तरह की कुकीज में चिप कुकीज, ओटमील, चॉकलेट, रॉक केक, डाप कुकीज आदि आते हैं।
- रोल्ड कुकीज—इसे सख्त गुँथे हुए आटे से बनाते हैं। इसका उदाहरण जिजरब्रेड मेन है। इसे कुकीज कटर की सहायता से कई आकारों में काटा जाता है।
- बार कुकीज—बार कुकीज का उदाहरण ब्राउनीज है।
- सैंडविच कुकीज—इसमें दो कुकीज के बीच भरावन भरा जाता है। जैसे दो चॉकलेट कुकीज में वनीला आइसिंग के साथ ओरियो कुकीज है।
- मोल्डेड कुकीज—स्निकरडूडल और पीनट बटर कुकीज मोल्डेड कुकीज के उदाहरण हैं।

□

ब्यूटी पार्लर

ब्यूटी वर्ल्ड में अपार संभावनाएँ हैं। आज हर कोई सुंदर और स्मार्ट दिखना चाहता है। दूसरों से हटकर दिखने की चाह में अर्थात् सुंदर दिखने के लिए युवा किसी भी हद तक जाने को तैयार हैं। इसी कारण भारत में ब्यूटी इंडस्टरी तेजी से बढ़ रही है। एक रिपोर्ट के मुताबिक, इस समय ब्यूटी बिजनेस लगभग 11 हजार करोड़ तक पहुँच गया है। मार्केट के जानकारों का अनुमान है कि अगले कुछ वर्षों से यह इंडस्ट्री 30 से 35 फीसदी की रफ्तार से आगे बढ़ रही है। अगर हम भारतीय ब्यूटी इंडस्टरी की बात करें तो यह लगभग 4580 करोड़ तक पहुँच गई है। यही वजह है कि किटी पार्टियों, कॉरपोरेट पार्टियों, वैवाहिक व सांस्कृतिक आयोजन में भाग लेनेवाले लोगों के द्वारा ब्यूटी पार्लर में जाने के बढ़ते चलन के कारण ब्यूटी पार्लर का मार्केट बढ़ता जा रहा है। ऐसे में, अगर आपमें लोगों को खूबसूरत बनाने की काबिलियत है और इस पेशे की तरफ आपका रुझान है, तो क्यों न आप इसकी शुरुआत अपने घर से ही कर इसे कमाई का एक अच्छा जरिया बना लें। आइए जानें कैसे—

कैसे करें शुरुआत

- सबसे पहले यह अंदाजा लगाइए कि पार्लर खोलने के लिए, आपके पास कितना पैसा है क्योंकि आप चाहें तो मात्र 1000 रुपए से भी पार्लर खोल सकती हैं और अगर आपके पास पैसा है तो एक लाख रुपया भी खर्च कर सकती हैं। इसलिए सबसे पहले अपने बजट का अंदाजा लगा लें और उसी के अनुसार प्लानिंग करें।
- उसके बाद, आप अपने घर से पार्लर शुरू करना चाहती हैं, इस तथ्य की जानकारी अपनी सोसाइटी के एसोसिएशन को दें और उनसे इस काम के

लिए परमिशन ले लें।

- यह भी देखें कि शुरुआत में अकेले ही मैनेज करना चाहती हैं या अपने किसी परिवार के सदस्य को शामिल करना चाहती हैं या फिर अपने लिए कुछ स्टाफ रखना चाहती हैं। अगर आप अपने पार्लर में मेहँदी, नेल आर्ट, हेयर स्टाइल, मेकअप आदि की सुविधाएँ रखना चाहती हैं, तो आपको स्टाफ रखना ही होगा, यदि काम कम हो और सिर्फ फेशियल से शुरू करना चाहती हों तो आप अकेले भी मैनेज कर सकती हैं।
- स्टाफ को सैलरी बहुत कम भी न दें, नहीं तो उनका काम में मन नहीं लगेगा और उसका प्रभाव आपके काम पर जरूर पड़ेगा। शाम को उनका टाइम खत्म हो जाने के बाद यदि कोई ग्राहक आ गया तो उसे अटेंड करने में वे आनाकानी करेंगी, लेकिन अगर सैलरी अच्छी होगी तो वे खुश रहेंगी और काम भी अच्छे तरीके से करेंगी।
- अपने पार्लर में ट्रेनिंग के लिए कुछ लड़कियाँ भी रख सकती हैं, इसमें आपके पैसे भी खर्च नहीं होंगे और आपको काम में मदद भी मिल जाएगी।
- अपनी सर्विस के लिए किस चीज के लिए आप कितना पैसा लेंगी, जैसे कि मैनीक्योर, कटिंग, फेशियल आदि यह भी पहले ही तय कर लें और एक रेट लिस्ट पार्लर में लगा दें। ऐसा न करें कि किसी से कुछ पैसे ले रही हों और किसी और से कुछ। इससे आपके काम पर ही गलत प्रभाव पड़ेगा।
- रेगुलर कस्टमर के फोन नंबर, इ-मेल एड्रेस लिखकर रखें, ताकि जब आप कोई नया प्रोडक्ट लाएँ या फिर त्योहारों आदि पर कोई स्कीम चलाएँ तो उन्हें सूचित कर सकें।
- सबसे जरूरी बात यह है कि अगर ग्राहक आपके काम से खुश होंगे तो वे बार-बार आपके पार्लर में आएँगे और वे आपके नियमित ग्राहक बन जाएँगे। आखिर सवाल विश्वास का है। अगर आप सही काम करेंगी तो वे आप पर यकीन कर बार-बार आपके पास ही आना चाहेगी। ग्राहक के संतुष्ट होने पर वह स्वयं-ही आपके बिजनेस का प्रचार करेंगे और आपके पार्लर की तारीफ अपनी सहेली तथा रिश्तेदारों के बीच करेंगी, इससे आपको और भी नए ग्राहक मिल जाएँगे।

कितनी जगह—शुरुआत में आप चाहें तो अपना यह पार्लर घर के किसी

भी कमरे से या फिर घर के गैराज आदि से भी शुरू कर सकती हैं। धीरे-धीरे जब काम बढ़ने लगे तो आप एक और कमरे का इस्तेमाल कर सकती हैं या फिर एक बड़े हॉल या कमरे में पार्टिशन करवाकर भी पार्लर चला सकती हैं।

क्या चाहिए

- हेयरस्टाइलिंग चेयर,
- मैनीक्योर टेबल, पेडीक्योर चेयर,
- मसाज टेबल
- फर्स्ट-एड बॉक्स
- सीजर ऐंड कोब
- हेयर ड्रायर
- कॉटन वूल
- बाउल
- डिसपोजेबल ग्लब्स
- डिसपैनसरस—एकेटोन
- टिशूज—टॉवल
- रिलेक्सिंग म्यूजिक

विभिन्न तरह के फेस मास्क भी त्वचा के अनुसार रखें

- पिलिंग मास्क—ये फेस मास्क सूखने के बाद झिल्ली जैसा रूप ले लेते हैं और सूखने पर इन्हें खींचकर त्वचा से हटा दिया जाता है।
- फ्रूट बेस मास्क—ये मास्क फल के रस या उसके गूदे के बने होते हैं।
- सेटिंग मास्क—यह मास्क सूखकर सख्त हो जाता है। इसलिए इसे जल्दी ही हटा देना चाहिए।
- नॉन सेटिंग मास्क—यह पैक सख्त नहीं होता। इसे 15 से 20 मिनट तक त्वचा पर लगाने के बाद धो दिया जाता है।
- वेजिटेबल मास्क—यह मास्क तैलीय त्वचा के लिए अच्छा है। इसमें सब्जियों का रस और गूदा मिला होता है।

हेयर डाई लगाते समय ध्यान रखें

- बोतल पर लिखे लेबल के अनुसार ही मिश्रण बनाएँ।

- बालों को रँगने के लिए उतना ही मिश्रण बनाएँ, जितना जरूरी हो, अगर वह बच जाए तो उसे फेंक दें, क्योंकि वह दोबारा प्रयोग में नहीं लाया जा सकता है।
- मिश्रण तैयार करने के लिए काँच का बरतन लें।
- डाई को हमेशा ठंडी व अँधेरी जगह पर ही रखें, क्योंकि सूर्य की किरणें रसायनों पर अवांछित प्रभाव डालती हैं।
- डाई करते समय कपड़ों का ध्यान रखें, क्योंकि इसका रंग कपड़ों से नहीं निकलता है।

प्रचार कैसे करें—अपने पार्लर का विज्ञापन लोकल न्यूज पेपर में दें। साथ में पहली बार कस्टमर को आकर्षित करने के लिए कोई कूपन की योजना भी साथ में दे सकती हैं। पैंफलेट छपवाकर उसमें भी अपने पार्लर की जानकारी दे सकती हैं। इसके अलावा इंटरनेट पर फ्री क्लासीफाइड वेबसाइट पर अपना विज्ञापन दे सकती हैं। अपने खास रिश्तेदारों और पड़ोसियों को भी इस बात की जानकारी दे सकती हैं।

पार्लर की डेकोरेशन—अपने किसी भी कमरे को पार्लर की शक्ल देने के लिए बस थोड़ा सा दिमाग लगाने की जरूरत है। फर्नीचर तो पार्लर के हिसाब से होना ही चाहिए, जैसे कि शीशेवाली बड़ी ड्रेसिंग टेबल या फिर दीवार पर ही बड़ा शीशा लगवा लें और पावर प्वॉइंट, वाटर प्वॉइंट, वॉशबेसिन, लाइटिंग, ए.सी., विंडो, टेबल चेयर, रैक्स, साथ ही पार्लर में कुछ सजी हुई दुलहनों की फोटो, ब्यूटी प्रोडक्ट्स की फोटो और विभिन्न तरह के हेयर स्टाइल के अच्छे-अच्छे पोस्टर लगा सकती हैं। आप चाहें तो किसी थीम के आधार पर भी अपने पार्लर को सजा सकती हैं।

पार्लर के लिए प्रोडक्ट खरीदना—हेयर ड्रायर, मसाज क्रीम, सीजर, मेकअप किट्स, मैनीक्योर, पेडीक्योर किट आदि अन्य पार्लर का सामान आप किसी थोक की दुकान से भी ले सकती हैं। इसमें आपको बचत ही होगी। हाँ, जो भी सामान लें। उसकी एक्सपायरी डेट जरूर देख लें।

गुण

- आप में लोगों को खूबसूरत बनाने की काबिलियत होनी चाहिए।
- आपकी सोच का क्रिएटिव होना भी जरूरी है, ताकि आप किस ड्रेस के साथ कैसा मेअकप और हेयर स्टाइल अच्छा लग रहा है, यह समझकर

लोगों को उसी के अनुसार तैयार कर सकें।

- खुद की कला को बेहतर तरीके से प्रकट करने की समझ भी होनी चाहिए।
- ब्यूटीशियन बनने के लिए एक और जरूरी बात यह है कि आप ब्यूटी सर्किल में आ रहे नए-नए रुझानों के प्रति खुद्र को अपडेट करती रहें।
- ब्यूटीशियन को फ्रेंडली, मिलनसार व आत्मविश्वासी होना चाहिए, ताकि लोग आपसे और आपके काम से इंप्रेस होकर बार-बार आपके पास आएँ।
- आपको इस बात की भी समझ होनी चाहिए कि किस चेहरे पर कौन सा हेयरस्टाइल सूट करता है।
- नए-नए प्रयोगों को करने से कभी घबराएँ नहीं, बल्कि उसमें अपनी क्रिएटीविटी का प्रयोग करें।
- आजकल चल रहे न्यू फैशन ट्रेंड्स के बारे में पूरी जानकारी आपको होनी चाहिए।

यहाँ से करें कोर्स

- शहनाज हुसैन इंटरनेशनल ब्यूटी एकेडमी
- एल्प्स एकेडमी ऑफ हेयर ऐंड ब्यूटी
- हबीब्स हेयर ऐंड ब्यूटी एकेडमी
- पड़ोस के किसी भी पार्लर से

कमाई—शुरुआती दौर में आप 8-10 हजार रुपए महीना कमा सकती हैं और धीरे-धीरे जैसे-जैसे आपके ग्राहक बढ़ेंगे, आपका मुनाफा बढ़ता जाएगा। कमाई का होना आप पर निर्भर करता है। आप चाहें तो अपने पार्लर में नेल्स आर्ट, मेहँदी लगाना व स्पा जैसी अन्य चीजें भी खोल सकती हैं। इस तरह जैसे-जैसे आपका काम बढ़ेगा, मुनाफा भी बढ़ेगा।

ध्यान देने योग्य बातें

- इस्तेमाल किए गए उपकरण को प्रयोग के बाद अच्छी तरह साफ करने के बाद ही दूसरी बार प्रयोग करें।
- फेस पैक व मसाज क्रीम व अन्य फेशियल का सामान अच्छी क्वालिटी का ही रखें, क्योंकि मुँह की त्वचा बड़ी नाजुक होती है और कई बार सस्ती चीजों में मिलावट का डर रहता है। इसलिए अपनी सर्विस के रेट भले ही बढ़ा दें, लेकिन आपके द्वारा इस्तेमाल किया गया सामान खराब

नहीं होना चाहिए, क्योंकि इसी पर आपकी गुडविल टिकी है।

- वैक्सिंग के लिए इस्तेमाल की गई पट्टियों को सिर्फ एक बार ही इस्तेमाल करें, वरना किसी दूसरे को उससे इनफेक्शन हो सकता है।
- हेयर डाई करनेवाले ब्रश और कंघियों को अच्छी तरह धोकर, सुखाकर रखें, वरना उसमें से बदबू आने लगती है।
- कटिंग के लिए प्रयोग किए जाने वाले उपकरणों को भी समय-समय पर साफ करती रहें।
- तौलियों को साफ-सुथरा रखें।
- अपनी कमाई के चक्कर में घटिया प्रोडक्ट का इस्तेमाल न करें, इससे आपके ग्राहकों को नुकसान पहुँच सकता है।
- अपने आस-पास के पार्लर में क्या रेट चल रहा है, उसका भी अंदाजा लगा लीजिए और अपने पार्लर के रेट उसी के अनुसार रखें, ज्यादा न रखें, क्योंकि एक तो पार्लर नया है, दूसरे, रेट भी ज्यादा होंगे तो लोग नहीं आएँगे।
- ग्राहकों की त्वचा अलग-अलग हो सकती है, जैसे कि ऑयली, ड्राई या नॉर्मल। फेशियल उनकी त्वचा के अनुसार ही करें।
- किसी के चेहरे पर ब्लीच लगाने से पहले उसके हाथ पर थोड़ी सी ब्लीच लगाकर टेस्ट क़र लें। अगर उस ब्लीच से जलन होती है तो ब्लीच न लगाएँ।
- ब्लीच इस्तेमाल करने के लिए पहले क्रीम और एक्टीवेटर को 3:1 के अनुपात में लें। उसके बाद दोनों को अच्छी तरह मिक्स करके ही इस्तेमाल में लाएँ।

जहाँ भी मेकअप करें, वहाँ पर रोशनी का ठीक-ठाक इंतजाम होना चाहिए। □

बेडशीट डिजाइनिंग

अगर आपके पास कटिंग-टेलरिंग का हुनर है तो आप इसमें कुछ अलग भी कर सकती हैं, जैसे आप तरह-तरह की बेडशीट और कुशन बनाने का काम शुरू कर बढ़िया कमाई कर सकती हैं।

ट्रेनिंग—इस काम को करने के लिए कटिंग, टेलरिंग और डिजाइनिंग का काम आना चाहिए। किसी भी वोकेशनल इंस्टीट्यूट या फिर बेडशीट बनानेवाले से यह काम सीखा जा सकता है।

कमाई का जरिया—इस काम में प्रतिस्पर्धा अधिक है, इसलिए ग्राहकों को आकर्षित करने के लिए बेहतरीन डिजाइनिंग के साथ-साथ हाथ में सफाई भी होनी चाहिए। शुरू में सारा काम आप खुद कर पूरा मुनाफा कमा सकती हैं। जब काम बढ़ जाए तो एक कारीगर को भी रख सकती हैं।

आय कितनी—इसमें प्रति बेडशीट और कुशन कवर के हिसाब से आय होती है। एक साधारण सी बेडशीट से भी आप 50 से 70 रुपए का मुनाफा कमा सकती हैं। मुनाफा बेडशीट में इस्तेमाल किए गए कपड़े, डिजाइनिंग आदि से हजारों रुपयों तक जा सकता है। बेडशीट की कमाई बेची जानेवाली संख्या पर निर्भर करती है। वैसे आप चाहें तो बेडशीट बनाने के बाद उसके बचे हुए कपड़े से पैच वर्क करके एक नई बेडशीट बिना किसी लागत के भी बना सकती हैं।

कच्चा माल—इसमें प्रयुक्त होनेवाला पॉलिफिल और फोम दिल्ली के नवी करीम या अपने शहर के थोक बाजार से ला सकती हैं। लाइनिंग, पॉलिफिल, शीट, रील, धागे, कपड़ा और सुई-धागा चाँदनी चौक, दिल्ली से खरीद सकती हैं।

कैसे करें—बेडशीट को बनाने में इस्तेमाल होनेवाले सभी सामान पहले घर लाकर रख लें। बेडशीट की तरह-तरह के डिजाइनोंवाली एक पुस्तक तैयार करके अपने पास रख लें। इसके बाद यह सोचें कि उस डिजाइन को तैयार करने के लिए

आप किस तरह के कपड़े का इस्तेमाल करेंगी। यह तय करने के बाद उस कपड़े पर काम करना शुरू करें। अगर आप इंब्रायडरी करना चाहती हैं तो देखें कि वह सिलने के बाद होगी या फिर पहले कपड़े पर होगी। यह भी देखें कि बेडशीट बनाने के लिए आपको कौन-कौन से रंगों का इस्तेमाल करना है। इसके बाद बेडशीट तैयार करें। आप चाहें तो एक ही डिजाइन की बेडशीट कई रंगों में भी बना सकती हैं। वैसे यह आपकी बेडशीट की माँग पर निर्भर करता है। बेडशीट तैयार हो जाने पर उसकी अच्छी तरह पैकिंग कर दें।

ध्यान दें

- लेटेस्ट डिजाइन की कुछ बेडशीट हमेशा तैयार रखें, जिससे ग्राहक को डिजाइन या आपका काम देखने में आसानी हो।
- बेडशीट का बहुत ज्यादा स्टॉक भी अपने पास न रखें, क्योंकि इनका फैशन भी तेजी से बदलता है।
- पॉलिफिल या शीट की बेडशीट में लगाई जानेवाली सिलाइयों और इसके किनारों में सफाई होनी चाहिए।
- धागे लटके हुए और किनारे मुड़े हुए न नज़र आएँ।
- इसमें प्रयुक्त कपड़े का रंग पक्का हो। ऐसा न हो कि पहली धुलाई में ही रंग निकल जाए।
- किसी भी कपड़े को इस्तेमाल में लाने से पहले इसके किनारे को धोकर इस बात की पुष्टि कर लें कि रंग पक्का है या नहीं।

□

ब्लॉगिंग से कमाई

अगर आपको कंप्यूटर की थोड़ी-बहुत जानकारी है और उसमें रुचि रखती हैं तो आपके लिए ब्लॉगिंग करना एक बेहतर विकल्प साबित हो सकता है; क्योंकि इसके जरिए आप घर बैठे ही एक अच्छी-खासी रकम कमा सकती हैं।

कैसे करें शुरुआत—ब्लॉगिंग पर विज्ञापन कमाई का लोकप्रिय साधन है। ब्लॉगिंग से कमाई के बारे में सोच रही हैं तो ध्यान रखें कि ब्लॉग का कंटेट, पाठकों की संख्या और सर्च इंजन आप्टिमाइजेशन बेहद मायने रखता है। अगर ऐसा है तो आप अपने ब्लॉग पर रनिंग ऐड, सेलिंग प्रोडक्ट और प्रमोटिंग सेल्स जैसी सुविधाओं को बढ़ावा देकर अच्छी कमाई कर सकती हैं। गूगल, एडसेंस, एडब्रिड, ब्रिडवर्टाइजर रेवेन्यू पायलट जैसी सेवाएँ ब्लॉग पर विज्ञापन देती हैं। इसके अलावा गूगल ऐड वर्ड्स अगर भी आपके ब्लॉगिंग प्लेटफॉर्म पर किसी बिजनेस, प्रोडक्ट या सर्विसेज को प्रचारित करता है। गूगल एडसेंस से जुड़ने के लिए आपको इसकी सदस्यता लेनी होगी। ऐसी अधिकतर सेवाओं की सदस्यता मुफ्त होती है। सदस्य बनने के बाद मिलनेवाले कोड को ब्लॉग पर लगाने से विज्ञापन डिस्प्ले हो जाता है। कोई भी पाठक या इंटरनेट यूजर आपके ब्लॉग पर पहुँचकर उस विज्ञापन को क्लिक करता है तो कुछ रकम आपके खाते में जमा हो जाएगी। एक निश्चित रकम होने के बाद गूगल आपको चेक के जरिए भुगतान कर देगा।

कमाई के लोकप्रिय तरीके—आइए, हम आपको कुछ तरीकों के बारे में बताते हैं। इन तरीकों को अपनाकर आप हर महीने लाखों रुपए कमा सकती हैं। ब्लॉगर के बीच कमाई का सबसे बेहतर लोकप्रिय तरीका है 'गूगल एडसेंस'।

गूगल एडसेंस—अपने ब्लॉग पर 'गूगल एडसेंस' का विज्ञापन लगाकर आप हर महीने लाखों कमा सकती हैं। 'गूगल एडसेंस' का विज्ञापन टेक्स्ट, वीडियो

और इमेज के रूप में होता है। इसके कोड को ब्लॉग पर डालने के बाद विज्ञापन दिखने लगता है। जब भी कोई पाठक आपके ब्लॉग पर डाले गए गूगल एडसेंस के विज्ञापन को क्लिक करेगा, उस क्लिक के बदले आपको पैसा मिलेगा।

ध्यान देने योग्य बातें

- आपको यह ध्यान रखना होगा कि आपके अपने कंप्यूटर, आईपी से विज्ञापन क्लिक न हो। ऐसा करने पर अकाउंट बैन हो जाएगा।
- विज्ञापन का प्लेसिंग भी सही होना चाहिए। विज्ञापन वहाँ लगाएँ, जहाँ लोगों की नजर जरूर जाए और लोग उसे क्लिक करने से खुद को रोक न पाएँ।
- अगर आपके ब्लॉग में फोटो और वीडियो नहीं के बराबर है या कम है, तो सिर्फ टेक्स्ट ऐड लगाना आपके लिए बेहतर होगा।

एफिलिएट प्रोग्राम—गूगल एडसेंस का अकाउंट फिलहाल हिंदी ब्लॉग के लिए नहीं बन पा रहा है। अगर आप हिंदी, मैथिली, भोजपुरी में ब्लॉगिंग करते हैं तो गूगल एडसेंस का अकाउंट नहीं खुलेगा। इसके लिए आपका टेक्स्ट अंग्रेजी में होना जरूरी है। इतना जरूर है कि अंग्रेजी में अकाउंट बन जाने के बाद आप उसके कोड को हिंदी या फिर दूसरे ब्लॉग में भी डाल सकते हैं। ऐसे लोगों के लिए एफिलिएट प्रोग्राम सही है। आप गूगल में जाकर एफिलिएट प्रोग्रारम सर्च कीजिए, सैकड़ों ऑप्शन मिलेंगे। लिंकशयेर डॉटकॉम, जीवनसाथी डॉटकॉम, मेक माई टिप डॉटकॉम, शादी डॉटकॉम, यात्रा डॉटकॉम पर जाकर आप अपने ब्लॉग को देखते हुए दो–चार का एफिलिएटेड अकाउंट बना लीजिए और अपने कोड ब्लॉग पर डाल पैसा कमाइए।

पब्लिशर अकाउंट—जो लोग गूगल एडसेंस में अकाउंट नहीं खोल सकते, उनके लिए एक ऑप्शन 'पब्लिशर अकाउंट' है। गूगल एडसेंसवाले भी इसे लगाकर पैसा बना सकते हैं। इसके लिए भी कई साइट्स हैं, जिन पर जाकर आप अपना 'पब्लिशर अकाउंट' बना सकती हैं। लेकिन एक साथ कई विज्ञापन डालने से बचें, ऐसा न लगे कि ब्लॉग साइट पर सिर्फ विज्ञापन–ही–विज्ञापन हैं। विज्ञापन को सही जगह पर लगाकर भी आप अपनी कमाई कई गुना बढ़ा सकती हैं। इसके लिए आप गूगल एडसेंस का ब्लॉग नियमित रूप से पढ़ते रहें।

अमेजन और इबे अकाउंट—यह अकाउंट काफी लोकप्रिय है। 'अमेजन और इबे' पर अकाउंट बनाकर आप अपने उत्पादों के ऐड को अपने ब्लॉग पर लगा सकती हैं। जितना प्रोडक्ट सेल होगा, आपको उसी हिसाब से कमीशन मिलेगा।

कोशिश करें कि ऐड आपके टेक्स्ट के हिसाब से हो। इसके लिए ऐड कोड ब्लॉग पर डालने से पहले अगर उसमें अपने हिसाब से बदलाव करने की सुविधा हो तो कर लें।

चितिका × चितिका डॉटकॉम पर जाकर आप आसानी से अपना अकाउंट बना सकती हैं। 'चितिका' भी एडसेंस की तरह लोकप्रिय है। चितिका आपके ब्लॉग के अनुसार विज्ञापन दिखाता है। हिंदी, मैथिली, भोजपुरी जैसे ब्लॉगर, जो एडसेंस पर अकाउंट नहीं बना सकते, उनके लिए यह अच्छा विकल्प है।

पोल और सर्वे—ऐसी अनेक कंपनियाँ और एजेंसियाँ हैं, जो सर्वे के बदले में पैसे का भुगतान करती हैं। सर्वे और पोल इस हिसाब से पैसा कमाने का अच्छा जरिया है। आप अपने ब्लॉग, साइट पर किसी खास कंपनी या एजेंसी का पोल या सर्वे लगाकर कमाई कर सकती हैं। पोल, सर्वे का एक फायदा यह भी है कि इसके कारण लोग आपके ब्लॉग पर ज्यादा देर तक रहते हैं।

कमाई कितनी—इस काम में पैसा आपके ब्लॉग की विषय-वस्तु और विजिटर पर निर्भर करता है। जितने अधिक आपके विजिटर होंगे, उसी आधार पर आपको ऐडसेंस के विज्ञापन मिलेंगे। आपकी कमाई इन्हीं विज्ञापनों से आती है।

विषय-वस्तु का चुनाव कैसे करें—विषय आपकी रुचि का होना चाहिए, तभी आप उसपर अच्छी तरह लिख पाएँगी। इसके साथ ही एक बात का ध्यान रखें कि विषय ऐसा हो, जो लोगों से उनकी रोजमर्रा की जिंदगी से जुड़ा हो, ताकि ज्यादा-से-ज्यादा लोगों की उसमें रुचि हो सके।

ब्लॉग को बढ़ावा कैसे दें

- अपनी पोस्ट को प्रमोट करें। अगर पोस्ट अच्छी होगी तो आप लोगों की नजर से नहीं बच पाएँगी और वह अपने पाठक खुद ही ढूँढ़ लेंगी।
- आपकी पोस्ट का विषय ऐसा होना चाहिए कि जो भी उसे पढ़े, वह इस पर चर्चा किए बिना न रह सकें।
- कम लिखें, अच्छा लिखें। अगर इस सिद्धांत पर काम करेंगी तो जरूर सफल होंगी।

अच्छी पोस्ट कैसे लिखें

- अपनी पोस्ट जल्दबाजी में न लिखें, उसे आराम से पूरे ध्यान और समय के साथ लिखें।

- अगर कोई अच्छा विचार मन में आया हो तो उसपर तुरंत लिख दें, उसे भविष्य के लिए बचाकर न रखें; क्योंकि जो विचार आपके मन में अब आ रहे हैं, वे बाद में भी आएँ, यह जरूरी तो नहीं है।
- अपनी पोस्ट की उपयोगी बिंदुओं को हाइलाइट करें।
- आप चाहें तो अपनी पोस्ट में फोटो आदि भी लगा सकती हैं।
- पोस्ट की शुरुआत पढ़कर ही आपका विषय समझ में आ जाना चाहिए।
- लोगों से वोट और कमेंट माँगना न भूलें, इससे ज्यादा-से-ज्यादा लोग आपकी पोस्ट से जुड़ेंगे।
- यह समझना जरूरी है कि आपके पाठक क्या पढ़ना पसंद करते हैं?

ज्यादा कमेंट कैसे पाएँ

- अगर आपको दूसरे की पोस्ट पसंद आए तो उस पर कमेंट जरूर दें, इस तरह अगर उसे आपकी पोस्ट पसंद आएगी तो वह भी कमेंट जरूर देगा।
- पाठकों के कमेंट का जवाब जरूर दें।
- अगर आप अच्छा और दूसरों से कुछ हटकर लिखेंगी तो निश्चित तौर पर आपको कमेंट तो मिलेंगे ही।

ब्लॉग की डेकोरेशन

- ब्लॉग के लिए आकर्षक टेपलेट चुनें।
- जो चीज आप सबको दिखाना चाहती हैं, उसे साइडबार के नीचे न रखें।
- चार कॉलमवाले टेपलेट का प्रयोग न करें।
- पेज पर पोस्टों में टेक्स्ट का आकार मीडियम ही रखें।
- अपने प्रोफाइल को संक्षिप्त में लगाएँ और साथ में फोटो भी लगा दें।

गुण—ब्लॉगिंग करने के लिए आपके पास धैर्य और सही रणनीति होनी चाहिए। ब्लॉगिंग से कमाई का कोई शॉर्टकट नहीं है। इसमें आपको लंबे समय तक इंतजार भी करना पड़ सकता है, इसलिए ऐंसे में सब्र का परिचय दें और मैदान में डटे रहें।

ब्लॉगिंग के लिए कुछ जरूरी बातें

विषय से भटकें नहीं। अपना ध्यान किसी एक ही चीज पर लगाइएँ। कई बार देखने में आता है कि लोग एक साथ कई काम शुरू कर देते हैं और कुछ भी

नहीं कर पाते। इसलिए पहले अपना ध्यान किसी एक ही विषय पर केंद्रित करें और उस काम के सफल हो जाने के बाद मल्टी-टास्किंग शुरू करें।

उपयोगी जानकारी ही दें—अगर आप कोई ब्लॉग लिखते हैं तो आपके द्वारा प्रदान की जा रही सुविधा या जानकारी किसी-न-किसी काम की होनी चाहिए।

जो करें, हटकर करें—आज बहुत से लोग ऑनलाइन काम से जुड़े हैं। ऐसे में उस भीड़ के साथ अपनी एक अलग पहचान बनाना मुश्किल काम है। लेकिन यह काम आप कर सकती हैं, बस आपमें कुछ अलग करने और सोचने की क्षमता होनी चाहिए।

अपनी नहीं, पाठकों की पसंद को प्राथमिकता दें—प्रस्तुत वह करें, जो लोग चाहते हैं, न कि वह, जो आप चाहती हैं। कई बार देखने में आता है कि आप वही चीजें डालना चाहती हैं और सिर्फ उन्हीं चीजों के बारे में बात करना पसंद करती हैं, जिनमें आपकी रुचि होती है और जिन्हें आप पसंद करती हैं, लेकिन यह बात गलत है, क्योंकि अब यह काम सिर्फ आप अपने लिए नहीं कर रही हैं, बल्कि आपके साथ हजारों पाठक भी जुड़ेंगे, इसलिए आपको पहले अपनी नहीं, उनकी पसंद को प्राथमिकता देनी होगी। मार्केट में क्या चल रहा है, क्या लेटेस्ट है, लोगों की रुचि किसमें है, उसके बारे में पता करके काम शुरू करना होगा।

लेखकों की लिस्ट—कई ब्लॉगों पर लेखकों की संख्या 100 तक है, ऐसे में अगर आप उन सभी लेखकों को एक विजिट के जरिए साइडबार में लगाएँगी तो बहुत जगह तो सिर्फ इसी में चली जाएगी। वैसे भी पाठक के पास इतना समय नहीं है कि वह इन सबकी जानकारी रखे कि आपके ब्लॉग के मंच से कौन-कौन से लेखक जुड़े हैं? पाठक को तो जो लेख मिला, उसने पढ़ लिया और देख लिया कि किसने लिखा है। फिर भी यदि आप चाहते हैं कि सभी लेखकों की लिस्ट आपके ब्लॉग पर रहे तो एक पेज बनाकर उसपर अपने सभी लेखकों के नाम, चित्र तथा पब्लिक प्रोफाइल के लिंक सहित प्रस्तुत करें।

तकनीक की पूरी जानकारी होनी चाहिए—जिस विषय पर आप काम कर रही हैं, न सिर्फ उसकी, बल्कि अन्य विषयों के बारे में भी जानकारी होनी चाहिए। कंप्यूटर या लैपटॉप पर काम करने की सारी जानकारी होनी चाहिए।

मौसम की जानकारी न दें—किसी भी तरह के ब्लॉग पर पाठक मौसम की जानकारी लेने के लिए नहीं, बल्कि आपके द्वारा दी गई अन्य मनोरंजनात्मक चीजों के लिए आएगा, इसलिए ब्लॉग पर मौसम की जानकारी देकर उसे हास्यास्पद न बनाएँ।

तारीख का विजिट—ऐसा कोई भी विजिट जो आज की तारीख या फिर समय पाठकों को बताता है, उसको न डालें और अगर डाल दिया है तो तुरंत निकाल दें। पाठकों के पास समय पता करने के कई तरीके हैं। वे कंप्यूटर, मोबाइल, घड़ी व अन्य किसी भी तरीके से टाइम पता कर सकते हैं, उसके लिए आपको अपने ब्लॉग की किसी भी कीमती जगह को बरबाद करने की जरूरत नहीं है।

माउस का पीछा करनेवाला फोटो—हालाँकि अब यह नहीं मिलेगा पर यदि आपने लगा रखा है तो हटा दीजिए। अधिकतर पाठकों को यह अच्छा नहीं लगता और पढ़ते समय काफी परेशान भी करता है।

गैर-जरूरी चित्र—कुछ लोग ब्लॉग के नाम के साथ गैर-जरूरी चित्र लगा देते हैं, पर ये गैर-जरूरी चित्र आँखों को चुभते हैं। अपने ब्लॉग के नाम के लिए साधारण टेक्स्ट का प्रयोग करें और यदि कोई चित्र लगाना ही चाहते हैं तो एक अच्छा सा लोगो बनाकर लगाएँ।

गलतियाँ मत दोहराइए—अगर आप किसी ब्लॉग को विजिट करती हैं तो आपको उस ब्लॉग के बारे में जो चीजें खराब लगती हैं, उनको अपने ब्लॉग पर मत दोहराइए, क्योंकि हो सकता है कि लोगों को आपके ब्लॉग पर वह पसंद न आए।

रिपीट न करें—आप जो भी सामग्री अपने ब्लॉग पर डालना चाहती हैं, उसके बारे में पहले पूरी जानकारी लें कि कहीं इस विषय पर पहले ही लिखा तो नहीं जा चुका, क्योंकि पाठक को रिपीट चीजें पढ़ने का कोई शौक नहीं होता। अगर आप उसे कुछ नया परोसेंगे, तभी उसे आपके ब्लॉग में रुचि होगी।

लंबी पोस्ट न लगाएँ—कई लोग हर पोस्ट को पढ़ने से पहले उसे सरसरी निगाह से स्कैन कर लेते हैं। अनुभवी लोग एक नजर में ही पोस्ट की रोचकता और गंभीरता जाँच लेते हैं। बहुत लंबी पोस्टों में कहीं बीच में यदि कोई काम की बात भी लिखी हुई है, तो वह पढ़ने से छूट भी सकती है। ज्यादातर लोगों के पास समय की कमी है। लोग लंबी पोस्ट पढ़ने से कतराते हैं। यदि लंबी पोस्ट रखना जरूरी है तो बातों को नंबर या बुलेट लिस्ट लगाकर बिंदुवार लगाना चाहिए। बहुत जरूरी वाक्यांशों को हाइलाइट कर देना चाहिए। कहीं पर बोल्ड भी कर सकते हैं, इससे पाठकों को सुविधा होगी।

कमेंट करें—किसी दूसरे के ब्लॉग पर भी कमेंट करें, इससे आपको आपके ब्लॉग पर भी नए कमेंट मिलेंगे।

लोगों तक पहुँचाएँ—अपने ब्लॉग की फीड को ज्यादा-से-ज्यादा लोगों तक पहुँचाएँ।

पोस्ट में शामिल करें—टॉपिक से जुड़े पॉपुलर की-वर्ड को अपनी पोस्ट में जरूर शामिल करें।

ब्लॉग पर गाने न डालें—यदि आप अपने ब्लॉग पर ऐसे गाने डालने के बारे में सोच रही हैं, जो ब्लॉग खुलने के साथ ही बजने लगते हैं, तो ऐसे आइडिया को दिमाग से तुरंत निकाल दीजिए, क्योंकि ऐसा होने पर पाठक या तो इरिटेट हो उस ब्लॉग को तुरंत बंद कर देता है या फिर उसे साउंड को म्यूट करना पड़ता है। दोनों ही स्थितियाँ आपके ब्लॉग के लिए अच्छी नहीं हैं।

पॉप-अप ऐड—ऐसे किसी भी पॉप अप ऐड को निकाल दें, जो आपके ब्लॉग के किसी लेख पर क्लिक करने पर अथवा आपके ब्लॉग पर पहुँचने पर खुल जाता है। साथ में ऐसे ऐड को भी निकाल दें, जो कि आपके लेख के महत्त्वपूर्ण अक्षरों पर डबल क्लिक के रूप में दिखाई देता है और उस माउस को उस पर ले जाते ही एक पॉप-अप खुलकर आ जाता है, जो पढ़ने में असुविधाजनक होता है।

ब्लॉग को अस्त-व्यस्त न रखें—किसी भी ब्लॉग पर पोस्ट के आस-पास, साइडबार में, टाइटल बैनर के नीचे, पेज के सबसे नीचे कभी-कभी इतना कुछ लगा दिया जाता है कि ब्लॉग की पाठ्य-सामग्री गौण हो जाती है। ज्यादातर लोग ब्लॉग पर कई तरह के विजिट देखने नहीं आते, उन्हें आपकी पोस्ट से मतलब होता है। पोस्ट में जरूरत से ज्यादा बड़े और ज्यादा चित्र लगा देने से टेकस्ट छोटा दिखने लगता है। इसलिए इन बातों का ध्यान रखें कि पाठक को असुविधा न हो।

काउंटर—यदि आपने अपने ब्लॉग पर ऐसा कोई काउंटर 'गणना करनेवाला', जैसे कि फीडजिट विजिट् इत्यादि लगाया है, तो उसे तुरंत हटा दीजिए, क्योंकि पाठकों को इससे कोई मतलब नहीं कि आपके ब्लॉग को कितने लोग पढ़ते हैं? और किस देश से आपके ब्लॉग पर विजिटर आते हैं? हाँ, यह जरूर संभव है कि आपके काउंटर में कम संख्या देखकर लोग यह कयास लगा लें कि आपके ब्लॉग को ज्यादा लोग नहीं पढ़ते हैं। यदि आप आँकड़े दिखाना चाहती हैं तो अपने ब्लॉगिंग प्लेटफॉर्म के द्वारा प्रदान की जा रही सुविधा का प्रयोग करें या फिर अपने ब्लॉग में गूगल एनालिटिक्स जोड़ें।

अपनी सर्वोत्तम पोस्ट दिखाएँ—नए पाठक के लिए कई महीनों पुरानी आर्काइव में खोजबीन करना मुश्किल होता है। नया पाठक आपकी सबसे अच्छी पोस्ट को पहले पेज पर ही देखना चाहता है। ऐसा भी हो सकता है कि आपके ब्लॉग में ऐसी बहुत सी अच्छी पोस्ट हों, जिन्हें पहले पेज पर लगाना संभव न हो,

पर आप ऐसा साइडबार में उनकी लिंक लगाकर कर सकते हैं। नए पाठकों के लिए ऐसी 8-10 पोस्ट की लिंक लगाएँ और उन्हें अच्छी पोस्ट सुलभ कराएँ।

कॅरियर वूमेन के गुण

कहते हैं कि लड़कियाँ थोड़ी नाजुक होती हैं। लेकिन सच तो यह है कि लड़कियाँ नाजुक भले ही होती हों, लेकिन वे अपने इरादों की एकदम पक्की भी होती हैं। उन्होंने एक बार जो ठान लिया, उसे वे करके ही मानती हैं। एक बात और जो लड़कियों के बारे में कही जाती है, वह यह है कि लड़कियाँ 'इमोशनल फूल' होती हैं। वे बेशक इमोशनल हो सकती हैं, लेकिन आप शायद यह नहीं जानतीं कि अपने इन्हीं इमोशंस, भावनाओं, अहसासों, लगन, निष्ठा के जरिए वे किसी भी क्षेत्र में सफल भी हो सकती हैं।

सब्र का परिचय दें—किसी भी बिजनेस को चलाने के लिए शुरू-शुरू में पेशेंस तो रखना ही पड़ता है, क्योंकि काम शुरू करते ही वह चल पड़े, ऐसा कम ही होता है। धीरे-धीरे लोगों को आपके बिजनेस के बारे में पता चलेगा और वे आप से जुड़ना शुरू करेंगे। लेकिन इतने में हिम्मत न हारें, डटे रहें, आपंको सफलता अवश्य मिलेगी। यह बिल्कुल न सोचें कि अगर धैर्य से काम लेंगे तो बिजनेस की रफ्तार कम हो जाएगी। धैर्यपूर्वक सोच-समझकर लिया गया निर्णय आपके बिजनेस को फायदा ही पहुँचाएगा।

कॉम्प्रोमाइज—किसी भी समस्या को सुलझाने के लिए महिलाओं की हिम्मत की दाद हमेशा ही दी जाती है। महिलाएँ स्वभाव से ही समझदार होती हैं। महिलाओं में इगो की प्रॉब्लम भी पुरुषों के मुकाबले काफी कम होती है। इसलिए कभी बिजनेस में यदि कस्टमर के साथ कुछ कहा-सुनी हो जाए या फिर विपरीत स्थिति का सामना करना पड़े तो महिलाएँ बात को बिगड़ने नहीं देतीं, बल्कि अपना फायदा देखकर उस बिगड़ी बात को सँभाल लेती हैं।

नेटवर्किंग—आप अपने पारिवारिक संबंधों को बखूबी निभाती हैं। अपने सामाजिक संबंधों को बढ़ाने के लिए भी प्रयासरत रहती हैं और इन्हें लंबे समय तक कायम भी रखती हैं। इसी तरह, अपने साथ काम करनेवाले और कस्टमर से भी लंबे समय तक अच्छे संबंध बनाए रखें। इसका फायदा आपको और आपके बिजनेस को ही होगा। अपनी नेटवर्किंग को अच्छा करने के लिए कभी-कभी अपने घर 'गेट-टूगेदर' रखें या फिर अपने नए काम के नमूने पेश करने के लिए लोगों को चाय पर बुलाएँ। अपने रेगुलर कस्टमर के टच में रहने के लिए आप

उनके एड्रेस और फोन नंबर अपनी डायरी में नोट करके रखें तथा जैसे ही आपके पास कुछ नए तरह के डिजाइन या अन्य कोई चीज हो तो पुराने कस्टमर को जरूर याद करें। इससे आप उनके टच में भी रहेंगी और उन्हें आपके बारे में जानकारी भी रहेगी। हो सकता है कि वे आपके काम का जिक्र अपने दोस्तों और रिश्तेदारों से भी करें।

केयरिंग नेचर—वैसे तो हमेशा ही महिलाएँ अपने केयरिंग नेचर के लिए जानी जाती हैं। लेकिन यह बात सिर्फ घर-परिवार तक ही सीमित न रखें, बल्कि अपने कस्टमर की भी केयर करें। वह आपके घर आए तो उसके लिए पानी आदि का इंतजाम भी हो, उन्हें प्यार से बिठाएँ और दोस्ती भरे लहजे में बात करके अपने काम के बारे में बताएँ। उनकी हर परेशानी को ध्यान से सुनें और उनकें मन मुताबिक काम करें।

काम की ट्रेनिंग लें—आप जो भी काम शुरू कर रही हैं, एक बार उसकी ट्रेनिंग ले लें तो आप वह काम अच्छे तरीके से कर पाएँगी। किसी काम को खुद से शुरू कर देना और उस काम में ट्रेनिंग लेकर शुरू करने में बहुत फर्क है। अगर आप ट्रेनिंग लेंगी तो उस काम को प्रोफेशनल तरीके से करा पाएँगी और सिखा भी पाएँगी।

अप टू डेट रहें—मार्केट में प्रोडक्ट की माँग पूर्ति, जरूरत के अनुसार क्वालिटी में बदलाव, प्रतियोगिता, कीमत, वितरण नीति आदि के बारे में अपडेट रहना भी जरूरी है, तभी आप टिक पाएँगी।

टेक्नोलॉजी की जानकारी रखें—वैसे भी महिलाएँ जिज्ञासु प्रवृत्ति की होती हैं। यहाँ पर आपका यह गुण काम आ सकता है। अपने प्रोडक्ट या काम से संबंधित टेक्नोलॉजी की जानकारी भी बिल्कुल दुरूस्त रखें। तभी आप समय के साथ चल सकेंगी और दूसरों से अलग खुद को बेहतर साबित कर पाएँगी।

बैंकिंग की जानकारी रखें—वित्तीय संस्थान व बैंकिंग की जानकारी रखें। साथ ही लोन लेने की प्रक्रिया का ज्ञान भी होना चाहिए। भविष्य में आप अपना काम बढ़ाने की सोचें या फिर नया काम शुरू करने के लिए ही आपको इसकी जरूरत पड़ सकती है, इसलिए इन सभी की जानकारी होना चाहिए।

लक्ष्य के प्रति अडिग रहें—बेंजामिन दिसराइली का यह वाक्य शत-प्रतिशत सही है कि सफलता का मतलब है, एक उद्देश्यपूर्ण लक्ष्य का पीछा करते रहना। वैसे भी यह सच है कि जब आप किसी चीज को सच्चे मन से पाने की कोशिश करती हो, तो सारी कायनात उसे पूरा करने में जुट जाती है। ऐसी कौन सी चीज है,

जो आपकी दृढ इच्छाशक्ति के आगे धराशायी न हो जाए। इसलिए लगन, धैर्य के अलावा, जो लक्ष्य निर्धारित किया है, उसी पर डटी रहें—तभी सफलता हासिल होगी। यह नहीं कि आज इस कॅरियर को शुरू किया और कल सोचा कि यह नहीं कुछ और करते हैं। इस तरह कुछ हासिल नहीं होगा, इसलिए सोच-समझकर अपनी योग्यता के अनुसार एक कॅरियर चुनें और उसी को लेकर पूरी तरह आश्वस्त रहें कि आप मंजिल तक जरूर पहुँचेंगी, और उसके लिए निरंतर प्रयासरत रहें।

□

कैंडल बनाने का रोजगार

आज का युग ग्लैमरस के साथ-साथ प्रतिस्पर्धा का युग भी है। प्रतिस्पर्धा में बने रहने के लिए जरूरी है कि आप निरंतर कुछ नया करती रहें और नयापन निर्भर करता है आपकी क्रिएटिविटी पर। यदि आप में भी कुछ सृजन करने की क्षमता है तो घर में ही मोमबत्ती तैयार करके इसे व्यवसाय का रूप दें। वैसे भी रंग-बिरंगी खूबसूरत कैंडल्स, यानी मोमबत्तियाँ अपनी सुंदरता के साथ, अपनी झिलमिलाती रोशनी से हर किसी का दिल जीत लेती हैं। एक जमाना था, जब कैंडल सफेद, लाल, हरे, पीले रंगों में होती थीं और इनका उपयोग क्रिसमस, बर्थ-डे या फिर चर्च में जलाने के लिए होता था, लेकिन अब इसका ट्रेंड बदल रहा है। आज पाँच सितारा होटलों से लेकर हर घर के ड्राइंगरूम में भी सजावट के लिए परफ्यूम कैंडल का उपयोग होने लगा है। महानगरों में इनकी बढ़ती हुई माँग को देखते हुए अब कैंडल्स के एक्सक्लूसिव स्टोर भी खुल गए हैं। वैसे अधिकांश शॉपिंग मॉल में 'डेकोरेटेड कैंडल कॉर्नर' जरूर होता है। आजकल मार्केट में कई तरह के कैंडल्स मौजूद हैं, जैसे अरोया कैंडल, फ्लोटिंग कैंडल, जो पानी में तैरते हैं, मेडिकेटेड कैंडल, रोमांस इनहॉन्सिंग कैंडल, मेडिटेशन कैंडल आदि। इनमें हर रोज कुछ प्रोडक्ट मार्केट में आते रहते हैं। इसलिए आप थोड़ा सा क्रिएटिव हो जाएँ और घर में ही मोमबत्ती तैयार करके इसे व्यवसाय का रूप दें। फिर देखें, आपका घर भी मोमबत्तियों से रोशन होगा और आपकी जेब भी। यही नहीं, आप दूसरों का घर भी रोशन कर सकेंगी।

प्रशिक्षण—कैंडल मैन्युफैक्चरिंग वैसे तो रचनात्मक काम है। इसमें डिजाइन के साथ कलर कंबिनेशन और मार्केट डिमांड को समझने की जरूरत होती है, पर इस क्षेत्र की बेसिक समझने के लिए इस क्षेत्र में प्रशिक्षण की जरूरत होती है। प्रशिक्षण में इसके उत्पादन की बारीकियाँ सीखने को मिलती हैं, जो एक सफल

उद्यमी बनने की पहली सीढ़ी है।

प्रशिक्षण अवधि—कैंडल मैन्युफैक्चरिंग सीखने के लिए अलग-अलग संस्थानों में प्रशिक्षण अवधि अलग-अलग है। आमतौर पर प्रशिक्षण अवधि 4 से 8 सप्ताह के बीच होती है। अगरबत्ती और कैंडल मेकिंग कोर्स नोएडा में स्थित 'एंटरप्रिन्योरशिप ऐंड स्माल बिजनेस डेवलपमेंट' में कराया जाता है। 'एशियन सोसाइटी फॉर एंटरप्रिन्योरशिप एजुकेशन ऐंड डेवलपमेंट' में भी इसकी ट्रेनिंग दी जाती है।

मार्केट-कैंडल्स के बढ़ते मार्केट और इसमें अच्छे व्यापार की बात का अंदाजा इसी से लगाया जा सकता है कि बॉलीवुड के कुछ बड़े कलाकार भी कैंडल मैन्युफैक्चरिंग को गंभीरता से ले रहे हैं। भारत में इसका उत्पादन तो बढ़ा ही है, साथ ही इसकी खपत भी बढ़ी है। कंज्यूमर अब कैंडल को एक डेकोरेशन पीस की तरह ले रहे हैं। देश से होने वाले एक्सपोर्ट में भी बढ़ोतरी हुई है। लघु उद्योग मंत्रालय छोटे उद्यमियों को प्रोत्साहित करने के लिए ऋण सहायता भी देती है।

सरकारी सहायता—कैंडल मैन्युफैक्चरिंग के क्षेत्र में उतरनेवाले नए उद्यमियों को सरकार हर तरह की सहायता देती है। इसमें यूनिट लगाने और एक्सपोर्ट के लिए ऋण सहायता भी शामिल है। अगर आप महिला, अनुसूचित जाति या अनुसूचित जनजाति के वर्ग हैं तो ऋण में 30 फीसदी तक छूट भी मिलती है।

कहाँ से लें प्रशिक्षण—यों तो केंद्र सरकार द्वारा विभिन्न सरकारी तथा गैर-सरकारी संस्थाओं के माध्यम से अनपढ़, गरीब तथा इच्छुक महिलाओं को तरह-तरह के प्रशिक्षण दिए जाते हैं, इनमें मोमबत्ती बनाना भी सिखाया जाता है। इसके अलावा कई महिलाएँ अपने घर में भी प्रशिक्षण दे रही हैं। अखबारों में भी विज्ञापन देखे गए हैं कि आप उनसे संपर्क करिए और मोमबत्ती बनाना सीखकर हजारों कमाइएँ।

- मल्टी डिस्प्लीनरी ट्रेनिंग सेंटर, खादी एवं विलेज इंडस्ट्रीज कमीशन, दूरवानी नगर, बंगलोर, कर्नाटक।
- डॉ. राजेंद्र प्रसाद मल्टी डिस्प्लीनरी ट्रेनिंग सेंटर, द खादी एवं विलेज इंडस्ट्रीज कमीशन, बीवी कॉलेज, शेखपुरा, पटना, बिहार।
- मल्टी डिस्प्लीनरी ट्रेनिंग सेंटर, खादी एवं विलेज इंडस्ट्रीज कमीशन, गांधी दर्शन, राजघाट, नई दिल्ली।
- डॉ. बी.आर अंबेडकर इंस्टीट्यूट ऑफ रूरल टेक्नोलॉजी ऐंड मैनेजमेंट, खादी ऐंड विलेज इंडस्ट्रीज कमीशन, नासिक, महाराष्ट्र।

कैसे करें शुरुआत—पहले सफेद मोम से मोमबत्ती तैयार की जाती थी।

अब मोमबत्तियाँ वैक्स तथा जैल से भी तैयार की जाती हैं। वैक्स व जैल से तैयार मोमबत्तियाँ शो-पीस के रूप में सभी को अपनी ओर आकर्षित करती हैं। वैक्स से मोमबत्तियाँ बनाने के लिए साँचे की जरूरत पड़ती है, जबकि जैल मोमबत्ती किसी भी आकार के काँच के जार में बनाई जा सकती है।

कारोबार करने के लिए—आजकल कई महिलाएँ मोमबत्ती बनाने के साथ-साथ प्रशिक्षण भी दे रही हैं। प्रशिक्षण में मात्र 2000 से 2500 रुपए तक का मासिक खर्च आता है। बाद में आप अपनी मेहनत व सूझ-बूझ से 10,000 से 15,000 रुपए तक कमा सकती हैं। मोमबत्ती को व्यवसाय का रूप देने के लिए उसकी सभी प्रोफेशनल बारीकियाँ सीख ली जाएँ तो अच्छा रहेगा।

काम एक, फायदे अनेक—घर में मोमबत्ती बनाकर आप एक नहीं, कई फायदे कर सकती हैं। सबसे पहले रंग-बिरंगी मोमबत्तियों से घर को रोशन करें। कारोबार करके पैसा कमाएँ। अब यह भी सोचना नहीं पड़ेगा कि दोस्तों व रिश्तेदारों को क्या उपहार दें? मोमबत्तियाँ उपहार में दें। इससे आपका व्यक्तित्व तो निखरेगा ही, साथ ही डोर-टू-डोर आपकी पब्लिसिटी भी होगी।

कमाई—इस व्यवसाय से आप हर महीने कम-से-कम 10 हजार रुपए कमा सकती हैं। मोमबत्तियाँ बनाकर बेचें। किसी भी शॉप से कॉन्टैक्ट करके उन्हें तैयार माल सप्लाई करें। प्रशिक्षण के माध्यम से भी आप पैसा अर्जित कर सकती हैं।

रॉ मैटीरियल—मोमबत्ती बनाने के लिए पैराफीन वैक्स या मोम का इस्तेमाल भी किया जा सकता है। पैराफीन मोम में यह गुण है कि इसके द्वारा बनाई गई मोमबत्ती बिना धुआँ दिए या बदबू दिए जलती है। गरमी के मौसम में इसका मोम न तो पिघलता है और न ही स्टिक टेढ़ी पड़ती है, क्योंकि पैराफीन मोम सफेद रंग का कठोर पदार्थ है, जिसका मैल्टिंग प्वांइट 120 से 140 डिग्री फॉरेनहाइट होता है। यह मोम करीब-करीब सभी ऑयली रिफाइनरी कंपनियों के द्वारा बनाया जाता है और टाट के बोरों में उनकी पैकिंग्स बिकती है। एक बोरे में करीब 63 किलोग्राम मोम सिल्लियों के रूप में होता है। आप अपनी जरूरत के हिसाब से इसे खरीद सकती हैं।

इसके साथ स्टीयरिक या स्टीयरिन एसिड का भी इसके उत्पादन में प्रयोग किया जाता है। इसको मोम में मिलाकर प्रयोग करने से मोमबत्ती जलते समय टेढ़ी नहीं होती और उसकी लौ में एक विशेष चमक भी आ जाती है। मोमबत्ती बनाने में सूत की बत्ती की जरूरत पड़ती है, इसे भी ले लें।

इसके अलावा कैंडल बनाने के लिए जैल, सेंटेंड कैंडल के लिए कुछ खास तरह के परफ्यूम और इन्हें सजाने-सँवारने के लिए पत्थर, मोती, सितारे और अन्य सजावटी सामान, थ्रेड, वैक्स पिघलाने के लिए बड़े बरतन, चूल्हा तथा कैंडल को अलग-अलग आकार में ढालने के लिए साँचों की जरूरत होती है। इसके अलावा आर्ट ऐंड क्राफ्ट तथा सिलाई के रॉ मैटीरियल के स्टोर्स खुले हुए हैं, जहाँ सारा सामान आसानी से उपलब्ध है। यही नहीं, इन स्टोर्स पर मोमबत्ती बनाने की विधि सहित सारे सामान के पैकेट भी मिलते हैं। ज्यादा माल लेने के लिए सदर बाजार सस्ता व किफायती है।

जैल कैंडल्स बनाने के कुछ टिप्स

- सबसे पहले अखबार बिछा लें।
- जैल पिघलानेवाले बरतन को धोकर सूखे कपड़े से पोछें। अब सारा सामान एक जगह अपने पास एकत्रित कर लें।
- बत्ती को गिलास से एक इंच बड़ा काटें। फिर बत्ती को उँगलियों से सीधा करके उसे गिलास के बीच में होल्डर की सहायता से खड़ा करें।
- परफ्यूम डालना चाहते हैं तो दो प्याले जैल में एक छोटा चम्मच परफ्यूम डालें और अच्छी तरह मिला लें।
- जैल कैंडल्स को पारदर्शी बनाने के लिए रंगों का कम-से-कम इस्तेमाल करें।
- गिलास में जैल डालने से पहले सजाने का सामान, जैसे शंख, मोती पत्थर आदि का इस्तेमाल कर सकती हैं।
- जैल डालते समय गिलास को थोड़ा तिरछा करें। इससे कम बुलबुले आएँगे।
- जैल गिलास के एकदम ऊपर तक न भरें, थोड़ा खाली छोड़ दें। जब कैंडल पूरी तरह ठंडी हो जाए, तब गिलास को उलटा करके धीरे-धीरे उससे कैंडल बाहर निकाल दें।
- अगर बरतन में जैल बच जाए तो ठंडा होने पर उसे आसानी से निकालकर किसी भी छोटे बरतन में रख सकती हैं। फिर बरतन को साबुन व पानी से साफ कर लें। यदि संभव हो तो कैंडल के बरतन को अलग रखें। उन्हें अन्य कामों में इस्तेमाल न करें।

ध्यान देने योग्य बातें

- गैस या स्टोव पर काम करें तो वैक्स को बिना ध्यान दिए बिल्कुल न छोड़ें।
- जैल वैक्स कैंडल में ज्यादा पारदर्शिता के लिए लिक्विड रंग प्रयोग करें।
- परफ्यूम कैंडल बनाने के लिए 'ऑयल बेस्ड परफ्यूम' ही इस्तेमाल करें।
- जो भी काम करें, सफाई से करें। जिस स्थान पर आप जैल कैंडल बना रही हैं, काम होने के बाद उसकी साफ-सफाई तुरंत करें या साथ-साथ ही पोंछती रहें, क्योंकि एक बार अगर मोम कहीं जम गया तो उसे हटाना थोड़ा मुश्किल होता है।
- अगर आप अकेली हैं तो कोशिश करें कि अपने लिए कोई हेल्पिंग हैंड रख लें, ताकि वह काम में आपकी मदद कर सके, क्योंकि गैस से गरम-गरम जैल उतारना और फिर साँचों में अकेले डालना थोड़ा मुश्किल काम है।

□

कैंटीन व टिफिन सर्विस

अगर आपको खाना बनाने का शौक है और इसे आप अपना प्रोफेशन बनाना चाहती हैं, तो इसके लिए बस आपको अपने खाना बनाने के हुनर का इस्तेमाल करना होगा, अगर आप अपनी पूरी रुचि से यह काम करेंगी तो देखिए, कैसे आपका यह काम चल पड़ता है और घर बैठे अच्छी कमाई का जरिया बन जाता है! कैंटीन और टिफिन सर्विस का काम चलाने के लिए किसी तरह की कोई ट्रेनिंग की आवश्यकता नहीं होती। इस काम के लिए अच्छा मैनेजर होना जरूरी है। धीरे-धीरे अनुभव से आप यह काम अच्छी तरह करने लगेंगी।

काम कैसे शुरू करें—कैंटीन का काम करने के लिए भरना होता है। इसके लिए टेंडर समय-समय पर टेंडर निकलते रहते हैं, जो हॉस्टल व स्कूल के कार्यालयों से प्राप्त किए जा सकते हैं। टेंडर भरकर जमा कराना होता है। कई लोग टेंडर भरते हैं। लेकिन किसी एक खुशकिस्मत का ही टेंडर निकलता है। अगर आप पहले से ही स्कूल को अपनी सेवाएँ दे रहे हैं और प्रिंसिपल, टीचर व मैनेजमेंट आपके कैंटीन चलाने के काम से संतुष्ट हैं, तो हो सकता है कि अगली बार भी आपको ही टेंडर मिल जाए।

जिन स्कूलों और कॉलेजों के हॉस्टलों और संस्थानों में कैंटीन हैं, वहाँ कब टेंडर निकलते हैं, इसके बारे में पता करती रहें। जब कैंटीन का ठेका मिल जाए, तो सबसे पहले ग्राहकों का मन जानिए। उन्हें कैंटीन में जिस तरह का स्नैक्स आदि पसंद हो, कोशिश करें कि आप वही रखें। वहाँ के प्रिंसिपल व टीचर्स की पसंद जानें और सबकी पसंद जानकर एक मिला-जुला मैन्यू अपनी सुविधा के अनुसार तय करें।

कच्चा माल—समोसे, पैटीज, क्रीम रोल, बिस्कुट व चिप्स बनानेवालों व बेचनेवालों से संपर्क करें। इसके अलावा आप चायपत्ती, चीनी आदि अपने पास स्टॉक में रखें। मटर, छोले, कुलचे, घी आप महीने भर का एक बार ही खरीदकर रख सकती हैं।

घर से काम कैसे करें—सबसे पहले तो कोशिश करें कि आपका घर कैंटीन के आस-पास हो, ताकि आप अपने घर से ही सारी चीजें बनाकर कैंटीन में भिजवा सकें। आप चाहें तो इस काम के लिए अपने घर के किसी मेंबर की भी मदद ले सकती हैं, जो कैंटीन तक यह सारा सामान ले जाए और फिर आप एक या दो बार जाकर चेक कर सकती हैं। यह काम आप पार्टनरशिप में भी शुरू कर सकती हैं, जिसमें अपने घर से ही खाना बनाने का काम आपका और कैंटीन में देखभाल करने का काम उनका। इस तरह आप मिलकर भी काम कर सकती हैं और मुनाफे तथा नुकसान में बराबर की भागीदारी कर सकती हैं।

कमाई का जरिया—कैंटीन चलाने के लिए यह जरूरी है कि आप वहाँ आनेवाले ग्राहकों की पसंद की चीज बनाएँ। तभी वे बार-बार आपके पास आएँगे। इसके अलावा आप अपने मैन्यू में वैराइटी रखें, ताकि लोग एक ही चीज बार-बार खाकर बोर न हो जाएँ। अपने सामान की कीमत भी ऐसी रखें कि कैंटीन में रोज-रोज खानेवालों पर ज्यादा बोझ न पड़े। अपनी कैंटीन अगर आप समोसा आदि में खुद ही बना रही हैं तो उसमें आपको काफी बचत होगी। आप यह सब बनाने के लिए कोई लड़का आदि भी रख सकती हैं, लेकिन एक बात का ध्यान रखिएगा कि उसके हाथों में स्वादिष्ट व्यंजन बनाने का हुनर होना चाहिए।

आमदनी—कैंटीन के काम से होनेवाली कमाई इस बात पर निर्भर करती है कि आपकी कैंटीन किस एरिया में है। उसी के हिसाब से आप कैंटीन में खाने-पीने के रेट फिक्स करेंगी। कैंटीन कितनी बड़ी है, कितने सामान की जरूरत है। कम-से-कम 5000-8000 रुपए से इसकी शुरुआत की जा सकती है। जो सामान बिकता है, वह पैसा माल खरीदने में लगाएँ। कैंटीन का सारा खर्च निकाल लेने पर भी 5 से 8 हजार रुपए महीना बच जाते हैं।

टिफिन सर्विस—टिफिन के काम में लागत कम लगती है और मुनाफा ज्यादा होता है। बस खाना बनाते समय आपको निम्न बातों का ध्यान रखना चाहिए—

- खाना न तो बहुत अधिक तीखा हो और न ही फीका।
- खाने में वैराइटी हो।
- खाना ताजा हो। पहले दिन का बचा हुआ बासी खाना टिफिन में न दें।
- खाना बनाते समय साफ-सफाई का विशेष ध्यान रखें।
- किसी त्योहार आदि पर अपने मैन्यू में मौके के हिसाब से बदलाव लाएँ।
- खाना बनाते समय पौष्टिकता का भी विशेष ध्यान रखें।

□

यमी-यमी चॉकलेट

चॉकलेट पसंद करनेवालों की पूरी दुनिया में कमी नहीं है। चॉकलेट हर उम्र के लोगों की पहली पसंद होती है। दुनिया के 80 फीसदी से भी ज्यादा लोग चॉकलेट पसंद करते हैं और मजे की बात तो यह है कि इसे बनाना बहुत ही आसान है। अगर आप भी चॉकलेट मेकिंग सीखकर व्यवसाय शुरू करना चाहती हैं तो देर किस बात की है, लोगों का मुँह मीठा कराइए और अपना कारोबार चलाइए।

क्या चाहिए—चॉकलेट तैयार करने के लिए आपको बहुत ज्यादा सामान की जरूरत नहीं पड़ती है। इसके लिए माइक्रोवेव, ओवन, चॉकलेट प्लेट्स, डीप फ्रीजर, मेल्टर, मॉल्ड, चॉकलेट स्लैब्स, ड्राई फ्रूट्स, जैसे काजू, पिस्ता, अखरोट, लिक्विड ग्लूकोज, एशेंस आदि का इस्तेमाल किया जाता है।

कैसे बनाएँ—सबसे पहले बाजार से चॉकलेट स्लैब्स खरीद लें। यह स्लैब प्रति किलो के हिसाब से मिलता है, जो कि 250 रुपए तक में उपलब्ध हो जाता है। इसके बाद इन स्लैब्स को पिघलाया जाता है और चॉकलेट की फिलिंग्स तैयार की जाती है। आप चाहें तो प्लेन चॉकलेट भी बना सकती हैं या फिर ड्राई फ्रूट्स मिलाकर भी बना सकती हैं। इसमें चीनी मिलाने की जरूरत नहीं होती, क्योंकि स्लैब्स में मीठा होता है। अब पिघलाए गए चॉकलेट स्लैब्स में फिलिंग्स की सामग्री डालकर चॉकलेट को प्लेट में डाल दिया जाता है। ऊपर से स्लैब्स को कवर कर चॉकलेट प्लेट को डीप फ्रीजर में डाल दिया जाता है। फिलिंग्स करते समय उसमें थोड़ी मात्रा एशेंस की भी डाली जाती है। इस तरह चॉकलेट तैयार हो जाती है और फिर इसकी पैकिंग कर बाजार में भेजा जा सकता है।

कैसे है फायदा

- दो किलो चॉकलेट तैयार करने के लिए डेढ़ किलो चॉकलेट स्लैब्स में

आधा किलो फिलिंग सामग्री लेनी होगी, जो कि 200 रुपए तक में उपलब्ध हो जाती है।

- बाजार में चॉकलेट न्यूनतम 500 रुपए किलो के हिसाब से बिकती है, यानी घर में चॉकलेट तैयार करते हैं तो 200 रुपए की लागत लगाकर करीब तीन से चार सौ रुपए का मुनाफा कमा सकते हैं।

प्रचार कैसे करें

- अपने बच्चे या किसी के भी बर्थ-डे पार्टी पर रिटर्न गिफ्ट के तौर पर अपने नाते-रिश्तेदारों को चॉकलेट दें। जब वे चॉकलेट खाकर आपकी तारीफ करेंगे तो आपको अपने लिए चॉकलेट बनाने का ऑर्डर भी जरूर देंगे।
- किसी त्योहार आदि पर भी आप पड़ोसियों व रिश्तेदारों को मिठाई की जगह चॉकलेट गिफ्ट करें, ताकि आपकी चॉकलेट ज्यादा-से-ज्यादा घरों में पहुँच सकेऔर भविष्य के आपके ग्राहक तैयार हो सकें।
- आप न्यूजपेपर में अपना ऐड दे सकती हैं।
- पैंफलेट छपवाकर जगह-जगह पर लगाएँ।
- अपने आस-पास की दुकानों या फिर रेस्टोरेंट में कम दामों में चॉकलेट बेचकर अपनी पहचान बनाएँ।
- इंटरनेट पर भी फेसबुक जैसी साइट्स पर आप अपने काम के बारे में जानकारी दे सकती हैं।

ध्यान देने योग्य बातें

- चॉकलेट तैयार कर लेने के बाद उसे ठंडे व कम रोशनीवाले स्थान पर ही रखें।
- चॉकलेट की स्लैब्स या ब्रिक को फ्रिज में नहीं रखना चाहिए। उसे हमेशा एयर टाइट डिब्बे में बंद करके किचन में ही रखा जा सकता है।
- जिन साँचों या मॉल्ड मे् आपने चॉकलेट तैयार की है, उन्हें पानी और सर्फ से नहीं धोना चाहिए, क्योंकि इससे वे खराब हो सकते हैं। उन्हें किसी गीले कपड़े से पोंछकर रखना चाहिए।
- चॉकलेट बनाते समय उसे मैल्ट कर लेने के बाद गरम-गरम ही साँचों में भरना चाहिए अन्यथा ठंडा होने पर वे शेप नहीं ले पाएँगी।

- चॉकलेट सिर्फ एक ही तरह की नहीं, बल्कि कई तरह की बनाई जा सकती हैं। इसलिए अपने काम में वैराइटी लाएँ, ताकि आप सबसे अलग कुछ कर पाएँ और मार्केट में आपके किए गए काम की सराहना हो।

ट्रेनिंग कहाँ ले सकती हैं

- चॉकलेट बनाने का प्रशिक्षण देनेवाली संस्था 'क्राफ्ट ऐंड सोशल डेवलपमेंट ऑर्गनाइजेशन' की दो शाखा दिल्ली में है। एक शाखा कन्हैया नगर में है और दूसरी लाजपत नगर में है। इसके अलावा कई सरकारी और गैर-सरकारी संस्थाएँ भी हैं, जहाँ चॉकलेट बनाने का प्रशिक्षण दिया जाता है।

□

कोचिंग क्लासेज

- अगर आपने स्नातक, स्नातकोत्तर या बी.एड. किया है तो फिर आपके सामने कोचिंग क्लासेज में पढ़ाने को एक बेहतर विकल्प है या फिर स्वयं की कोचिंग क्लासेज की संस्था चलाने का भी विकल्प है।

घर पर खोलें कोचिंग क्लासेज

- घर पर कोचिंग संस्थान खोलने के लिए आपको घर के बड़े कमरों की जरूरत होती है। उसमें 30-40 छात्र-छात्राओं के एक साथ बैठने की व्यवस्था होनी चाहिए।
- कमरे खुले और हवादार होने चाहिए। कमरे में अँधेरा नहीं होना चाहिए, बल्कि पर्याप्त प्रकाश हो, खिड़की आदि सभी होनी चाहिए।
- कमरे के बाहर पानी पीने की व्यवस्था होनी चाहिए। एक आइस बॉक्स और पानी पीने के लिए कुछ गिलास जरूर रखें।

कोचिंग क्लासेज खेलने के लिए योग्यता—अगर आपने स्नातक, स्नातकोत्तर या बी.एड. किया है तो फिर आपके सामने एक बेहतर विकल्प है—कोचिंग क्लासेज में पढ़ाने का या फिर स्वयं की कोचिंग क्लासेज की संस्था चलाने का।

कैसे करें शुरुआत

- आप सबसे पहले अपने घर के सदस्यों से बात करें और यह तय करें कि आप घर के किस हिस्से का उपयोग कोचिंग क्लासेज के लिए कर सकती हैं।
- कोचिंग क्लासेज शुरू करने के लिए घर के कोई दो बड़े कमरों का इस्तेमाल कर सकती हैं। इन्हें तैयार करवाएँ।

- इसके बाद किसी फर्नीचर मार्केट में जाएँ और टेबल-कुरसी अलग-अलग लगाने के बजाय उन कुरसियों को खरीदें, जिनके हत्थे पर पैड बना होता है। उसपर कॉपी-किताब आसानी से रखी जा सकती हैं। इससे अतिरिक्त जगह बच जाएगी। आप चाहें तो इस तरह की कुरसियाँ आप बनवा भी सकती हैं। इससे यह आपको कुछ सस्ती भी पड़ेंगी।
- कमरों में लगाने के लिए ब्लैक बोर्ड भी खरीदें।
- कमरों को सजाने के लिए कुछ दार्शनिकों की उक्तियों का चार्ट भी लगाएँ।
- छोटे कमरे या लॉबी का इस्तेमाल आप रिसेप्शन बनाकर भी कर सकती हैं।
- रिसेप्शन बनाने के लिए एक बड़ी शीशेवाली टेबल रखें और उसके इर्द-गिर्द बैठने के लिए कुछ चेयर का प्रबंध करें तथा साइड में किताबें रखने का एक सेल्फ खड़ा करें और उसमें कोचिंग क्लास से संबंधित कुछ अच्छी पुस्तकों को रखें।
- एक छोटा सेल्फ पर कुछ अखबार और पत्रिकाएँ भी रखें।
- आप चाहें तो यहीं पर पानी का इंतजाम कर सकती हैं।
- रिसेप्शन पर रिसेप्शनिस्ट अपॉइंट करें ताकि वह कोचिंग क्लासेज के बाकी काम-काज सँभाल सके, जैसे कि फीस आदि का ब्योरा, क्लासेज का टाइम, अध्यापकों के आने-जाने का समय, छुट्टी की व्यवस्था आदि।

अनुभव जरूरी

- अपने कोचिंग सेंटर के लिए ऐसे अध्यापकों की नियुक्ति करें, जिनकी छवि स्वच्छ व लोकप्रिय हो। उन्हें पढ़ाने का पर्याप्त अनुभव होना चाहिए।
- कोचिंग सेंटर की फीस अधिक होती है, इसलिए विद्यार्थियों की सहूलियत का खयाल रखते हुए इसे 2 किश्तों में देने का प्रावधान रखें। अगर कोई विद्यार्थी एकमुश्त राशि देता है तो उसमें थोड़ी सी रियायत कर दें, इससे आपकी लोकप्रियता बढ़ेगी।
- जहाँ तक संभव हो, प्रत्येक छात्र-छात्रा पर व्यक्तिगत ध्यान देने का प्रयास करें। इससे आपकी छवि बेहतर होगी।
- विद्यार्थियों के साथ प्रेम व सौहार्दपूर्वक व्यवहार करें। अनुशासन अवश्य होना चाहिए, लेकिन डाँट-डपट या रूखा व्यवहार लोकप्रियता में कमी लाता है, यह ध्यान रखें।

क्लासेज का समय—आमतौर पर कॉलेज जानेवाले स्टूडेंट्स के पास सुबह और शाम में ही वक्त होता है, इसलिए आप सुबह 8 बजे से लेकर 12 और शाम 5 से 10 बजे तक का समय रख सकती हैं।

कमाई—शुरुआत में अगर आप सिर्फ दो बैच में भी 10-10 बच्चों की क्लास शुरू करती हैं, तो भी आप 10 से 20 हजार रुपए महीना कमा सकती हैं।

ध्यान दें

- शुरुआत में आप एक या दो टीचर रखकर भी काम चला सकती हैं, क्योंकि उन्हें भी आपको सैलरी देनी पड़ेगी। आप खुद भी अपनी कोचिंग क्लासेज में पढ़ाएँ, ताकि बाहर से टीचर बुलाने के खर्च को बचा सकें और स्वयं बच्चों पर पूरी नजर रख अच्छे-से-अच्छा पढ़ा सकें।
- अपने कोचिग सेंटर में साफ-सफाई का पूरा खयाल रखें। सुबह स्टूडेंट्स के आने से पहले क्लासेज की साफ-सफाई हो जानी चाहिए।
- अगर कोई स्टूडेंट कुछ दिनों की लीव लेना चाहता है तो उससे लीव फॉर्म भरवाएँ और उसकी छुट्टियाँ आगे एडजस्ट करा दें। इससे आपके सेंटर का अच्छा प्रभाव पड़ेगा और स्टूडेंट्स को भी सुविधा रहेगी। इससे ज्यादा-से-ज्यादा छात्र आपके सेंटर पर पढ़ने आएँगे।
- 3 महीने या 6 महीने की फीस एक साथ देने पर आप उन्हें डिस्काउंट भी दें। इससे स्टूडेंट्स लंबे समय के लिए आपके इंस्टीट्यूट में रहेंगे।

□

कूरियर सर्विस

हाथ में फोन का रिसीवर, नजर इंटरनेट पर और उनके आगे रखी पिक-अप तथा डिलीवरी की रसीदें। जी हाँ, यही है दुनिया कूरियर सर्विस के काम की। अगर आपको यह काम पसंद हो, तो इसे अपना कारोबार बना सकती हैं।

ट्रेनिंग—यह काम शुरू करने के लिए सबसे पहले किसी बड़ी कंपनी की फ्रेंचाइजी लेनी पड़ती है। फ्रेंचाइजी लेने के बाद कंपनी एक महीने की ट्रेनिंग देती है, जिसमें इस काम के बारे में पूरी जानकारी दी जाती है कि यह काम कैसे किया जाता है? क्लाइंट से कैसे बात करनी चाहिए? अगर कूरियर सही समय पर नहीं पहुँचा और कस्टमर को आपसे कोई कंप्लेंट है तो उसका निवारण कैसे किया जाए? बुकिंग किस तरह से ली जा सकती है? कंपनी के प्रोफाइल के साथ-साथ उसका बाजार में क्या स्थान है? उसके बारे में बताया जाता है। ग्राहकों के मन में यह विश्वास कैसे पैदा करें कि कूरियर करना डाक से बेहतर होता है। इसमें आसानी से पिक-अप और डिलीवरी हो जाती है तथा यह बहुत ज्यादा महँगा भी नहीं पड़ता है।

किससे मिलें—फ्रेंचाइजी लेने के लिए आपको कुछ रकम सिक्योरिटी के तौर पर कंपनी के मुख्यालय में जमा करानी पड़ती है। वहीं आप फ्रेंचाइजी लेने के लिए आवेदन करा सकती हैं। यह सिक्योरिटी लगभग 15000 से लेकर 20000 रुपए तक भी हो सकती है। यह पैसा बाद में वापस भी मिल जाता है, लेकिन एक बार तो जमा कराना ही पड़ता है। अगर आप अपनी शुरुआत किसी बड़ी कंपनी के थ्रू नहीं करना चाहतीं तो खुद से भी यह काम शुरू कर सकती हैं। इसके लिए आपको अपनी कूरियर सर्विस के नाम का रजिस्ट्रेशन रजिस्ट्रार ऑफिस में करना होगा।

आमदनी—15 से 20 हजार रुपए महीना

योग्यता—इस काम के लिए कम-से-कम 12वीं पास होना चाहिए।

कैसे करें—यह काम शुरू करने के लिए पहले तो आप इसके विषय में ट्रेनिंग लें। इस काम को अच्छी तरह समझ लें। इसके बाद आपको इसमें 40 से 50 हजार रुपए इन्वेस्ट करने पड़ेंगे, जो कि बाद में सूद समेत वापस मिल जाएँगे। अगर आपके पास पैसों की कमी है, तो कम पैसों के साथ भी यह काम शुरू कर सकती हैं। इस काम को आप घर से ही शुरू कर सकती हैं। वैसे मार्केट में यदि कम दाम पर कोई दुकान मिल जाए तो अपना ऑफिस लेकर काम करना ज्यादा अच्छा रहेगा। इस काम के लिए आपके पास कंप्यूटर और इंटरनेट का होना बहुत जरूरी है। साथ ही फोन के द्वारा भी काफी काम किया जा सकता है, इसलिए फोन का होना भी बहुत जरूरी है।

ध्यान दें

- कूरियर का काम पूरी जिम्मेदारी के साथ करना होता है, क्योंकि इसमें जब आप डिलीवरी देती हैं तो 'प्रूफ ऑफ डिलीवरी' यानी 'पीओडी' भी देती हैं।
- यदि पैकेट खो जाए या फिर समय से न मिले तो उसे खोज कर सही ठिकाने पर भिजवाने की जिम्मेदारी भी आपकी ही बनती है।
- अगर पैकेट खो जाता है तो उसका हरजाना आपको ही भरना पड़ता है, इसलिए काम ध्यान से करें।
- जो भी काम हाथ में लिया है, उसे समय के अंदर ही पहुँचा दें, वरना उसका कोई महत्त्व नहीं रहेगा और आपका नाम मार्केट में खराब होगा सो अलग।
- अगर आप अच्छी सर्विस देंगी तो लोग बार-बार आपके पास आना पसंद करेंगे।

□

क्रिएटिव एक्सेसरीज

आपको अगर पेंटिंग बनाने का शौक है और आप इस क्षेत्र में कुछ करना चाहती हैं तो अपने इस हुनर को बाहर निकालिए, अपनी कल्पनाओं को कैनवास की बजाय क्रिएटिव एक्सेसरीज पर आजमाइए और घर बैठे ही इसे कमाई का जरिया बनाइए।

ट्रेनिंग—इस लाइन में आने के लिए आपको कॉमर्शियल आर्ट का कोर्स करना जरूरी है। इसके लिए आपको टेक्सटाइल डिजाइनिंग या फिर फैशन डिजाइनिंग का कोर्स करने की जरूरत नहीं है। इसकी बजाय आप एक्सेसरीज डिजाइनिंग का शॉर्ट टर्म कोर्स भी कर सकती हैं। बारहवीं कक्षा के बाद इसे कभी भी किया जा सकता है। यह कोर्स करने से आपको कई तरह का फायदा मिलेगा। इससे आपको फैब्रिक और स्टिच के बारे में भी जानकारी मिलेगी। कई छोटे इंस्टीट्यूट में डाई फ्लावर बनाना और इन पर रंग करना सिखाया जाता है।

किससे मिलें—इस काम को करने के लिए पहले आपको खुद थोड़ी तैयारी करनी पड़ेगी, ताकि आप अपना काम दूसरों को दिखाकर इंप्रेस कर सकें। इसके लिए सबसे पहले क्रिएटिव एक्सेसरीज की डिजाइनिंग का एक पोर्टफोलियो तैयार करें और उसमें अपनी डिजाइनिंग व पेंटिंग के सैंपल लगाएँ। इसके बाद काम का ऑर्डर लेने के लिए शहर के अच्छे शोरूम को सर्च करें और समय लेकर शोरूम के मैनेजर से मिलें। फिर उनकी जरूरत के मुताबिक कलर कंबिनेशन बनाकर दें। शोरूमवालों को जब कोई कॉरपोरेट प्रोजेक्ट मिलता है, तो वे आपसे संपर्क कर सकते हैं, आप बीच-बीच में उन्हें फोन कर याद दिलाते रहें। इसके अलावा आप एक्सपोर्ट हाउस में जाकर भी वहाँ से काम ले सकती हैं। प्रदर्शनियों में अपना स्टॉल लगाएँ, इससे कई बार अच्छे ऑर्डर मिलते हैं।

कच्चा माल—पेंटिंग और वास फिलर के लिए सामान दिल्ली के किनारी बाजार, चावड़ी बाजार, सदर बाजार से लिया जा सकता है। इसके अलावा आप

जहाँ कहीं भी हों, वहाँ के थोक बाजार से भी माल ले सकती हैं।

संभावनाएँ—इस काम के शुरुआती दौर में आपको परेशानी आ सकती है, लेकिन जब एक बार आपका किया काम सराहा जाने लगेगा, तो काम मिलता ही रहेगा। बस इसके लिए आपको थोड़ी मेहनत करनी होगी। दिल्ली के प्रगति मैदान, दिल्ली हाट, दिल्ली की इंटीरियर सोसाइटी, दिवाली के अवसर पर होनेवाले मेले, नए साल पर विभिन्न मॉल्स में लगनेवाली प्रदर्शनियों में हिस्सा जरूर लें। इनमें भाग लेने पर कहीं-न-कहीं से कोई तो ऑर्डर मिलेगा ही। इसके अलावा छोटे रेस्तराँ, अस्पताल, सेना के मेस, शोरूम, बड़े ऑफिस में अपनी पेंटिंग व क्रिएटिव एक्सेसरीज सैंपल दिखाकर काम हासिल कर सकती हैं।

आमदनी—इस काम को शुरू करने से पहले आपको अपनी जेब से भी कुछ खर्च करना पड़ेगा। मौसम और अवसर के अनुसार प्रोडक्ट की सेल होती है। राखी से होली तक खूब सेल होती है। अप्रैल से लेकर मई-जून के महीनों में कम सेल होती है। जिन महीनों में कम सेल होती है, उस समय नई डिजाइन के नए सैंपल बनाएँ। इसके अलावा शोरूम में प्रोडक्ट के 50 से 60 पीस तक खरीदते हैं। हर तीसरे महीने में कम-से-कम 200 पीस बनाने का ऑर्डर मिलता है। हर तरह के खर्चे निकालने के बाद हर महीने 20,000 से 25,000 रुपए तक आसानी से कमा सकती हैं। बस एक बार काम के जम जाने की देर होती है।

डिजाइन कैसे तैयार करें—आजकल ऑयल पेंटिंग की तुलना में 'थीम पेंटिंग' ज्यादा पसंद की जाती है। इसी थीम को आप कुशन कवर और वास फिलर में भी डिजाइन कर सकती हैं। इसे ही 'क्रिएटिव एक्सेसरीज' कहते हैं। क्रिएटिव एक्सेसरीज की थीम को ध्यान में रखकर ही डिजाइन तैयार करें। आप चाहें तो अपने मन में आनेवाले किसी भी आइडिया को पहले ड्राइंग शीट पर उतार लें और उसके बाद काम शुरू करें।

ध्यान दें

- लेटेस्ट ट्रेंड को हमेशा ध्यान में रखें।
- आपकी एक डिजाइन और दूसरे डिजाइन में विभिन्नता झलकनी चाहिए।
- जो भी काम करें, जल्दबाजी में नहीं, सफाई से करें।
- हमेशा सीखती रहें, इससे आपकी कला में और भी निखार आता जाएगा।
- अच्छे मैटिरियल का ही इस्तेमाल करें।

□

कुकरी क्लासेज

कहते हैं न कि जिस स्त्री को अच्छा खाना बनाना आता है, वह सभी का दिल जीत लेती है। अपने बनाए खाने की तारीफ आपने अपने घरवालों और रिश्तेदारों से अकसर सुनी होगी। उन्होंने कई बार आपसे आपके बनाए खाने की रेसिपी भी पूछी होगी। क्या आप नहीं चाहेंगी कि अपने बनाए खाने की आप न सिर्फ तारीफ ही पाएँ, बल्कि पैसा भी कमाएँ, वह भी घर बैठे! आइए जानें, कैसे आप घर बैठे अपनी इस कला को व्यवसाय बना सकती हैं।

ट्रेनिंग—वैसे इसके लिए आपको कहीं ट्रेनिंग लेने की आवश्यकता भी नहीं है। कई महिलाएँ अपने अनुभव से ही यह काम शुरू कर सकती हैं या अगर आप चाहें तो कंई निजी संस्थानों में इस तरह की ट्रेनिंग दी जाती है, जिन्हें आप ज्वाइन कर सकती हैं। इनमें 3 दिन से लेकर 3 महीने तक के कोर्स कराए जाते हैं।

- इन क्लासेज में खाना बनाने में इस्तेमाल होनेवाली सभी सामग्री, जैसे तेल, घी, मसाले और अनाज की जानकारी दी जाती है।
- अलग-अलग बरतनों के उपयोग के बारे में जानकारी दी जाती है।
- व्यंजन बनाने की विधियाँ बताई जाती हैं।
- किचन के कार्य से जुड़े टिप्स।
- किस सब्जी व फल आदि से क्या पोषक तत्त्व मिलते हैं, यह भी बताया जाता है।
- फैट फ्री खाना कैसे बनता है, उसकी जानकारी भी दी जाती है।
- साफ-सफाई की विस्तृत जानकारी दी जाती है।

कमाई का जरिया—कुकरी को कॅरियर बनाने की ठान ली है तो चिंता न करें, इसमें भी आप काफी कुछ कर सकती हैं। जैसे कि आप लड़कियों को घर बुलाकर कुकरी की क्लासेज दे सकती हैं। खाद्य उत्पादों, जैसे चटनी, पापड़, मसाले

दूध या दूसरे फूड प्रोडक्ट बनानेवाली कंपनियों में कंसल्टेंट के रूप में काम किया जा सकता है। इसके अलावा टिफिन सर्विस का काम भी किया जा सकता है।

प्रचार कैसे करें—इस नए काम की जानकारी देने के लिए सबसे पहले अपने परिचितों का सहारा लें। अपनी किटी पार्टी के द्वारा और लोगों को इसके बारे में जानकारी दें। इसके अलावा स्थानीय टीवी चैनल, समाचार-पत्र, स्थानीय मैगजीन, पोस्टर के माध्यम से भी जानकारी दी जा सकती है। गरमियों की छुट्टियों में अपनी कॉलोनी की लड़कियों को कुकरी क्लासेज लेने के लिए प्रेरित करें। वैसे भी कुकरी क्लासेज का आकर्षण किशोर उम्र से ही शुरू हो जाता है और लड़कियों को खाना बनाने का न सिर्फ शौक होता है, बल्कि जरूरत भी होती है। इसलिए गरमियों की छुट्टियों में वे कुकरी क्लास ज्वाइन करने की इच्छुक होंगी।

ध्यान देने योग्य बातें

- कुकरी क्लास का समय ऐसा न हो कि आप अपनी घरेलू जिम्मेदारियों को निभाने में लगी रहें और लड़कियाँ वहाँ आपका बार-बार इंतजार ही करती रह जाएँ। इससे आपका इंप्रेशन अच्छा नहीं पड़ेगा, इसलिए क्लास के समय आप सिर्फ उसी पर ही ध्यान दें। बार-बार उठकर अपने घरेलू काम करने न जाएँ।
- छात्राओं से फीस शुरू में ही ले लें, क्योंकि ऐसा न हो कि वे एक-दो डिश सीखकर आना ही बंद कर दें। इससे आपको ही नुकसान होगा।
- खाना बनाना सिखाते समय साफ-सफाई का विशेष खयाल रखें, ताकि छात्राओं को भी आप से यह अच्छी आदत सीखने को मिले।
- एक क्लास में आपको 2 या 3 रेसिपी ही सिखानी है, ऐसी धारणा न बनाएँ, बल्कि कभी-कभी तय रेसिपी से ज्यादा या कम भी सिखा सकती हैं।
- अगर किसी लड़की को कोई चीज समझ में नहीं आई और वह अगले दिन सीखना चाहें, तो उसे सिखाने से इनकार न करें, क्योंकि आपका उद्‍देश्य यह होना चाहिए कि छात्र को वह चीज अच्छी तरह से समझ में आ जाए, भले ही उसमें कुछ ज्यादा समय क्यों न लग जाए। तभी आपके द्वारा अच्छी तरह सिखाने का नाम होगा और लोग आपसे सीखना चाहेंगे।
- अपनी क्लास में कुकिंग के स्पेशल टिप्स भी देती रहें।
- अपनी क्लासेज को कई बैच में बाँट सकती हैं। उसमें स्नैक्स और खाना बनाने को अलग-अलग विभाजित कर सकती हैं।

आमदनी—3 से 6 छात्रों के साथ शुरू करने पर भी आप 4 से 7 हजार रुपए महीना कमा सकती हैं।

सुविधाएँ क्या चाहिए—यह काम अपने घर के एक कमरे या फिर किचन से ही शुरू कर सकती हैं। आपकी किचन में चार चूल्हेवाली गैस हो तो अच्छा रहेगा। किचन में दो चूल्हे भी रखे जा सकते हैं। इसके अलावा छात्रों को सिखाने के लिए आप बरतन भी अलग कर सकती हैं। एक सब्जीवाले से बात कर सकती हैं, जो आपको रोज ताजा सब्जियाँ आपके घर, आपकी जरूरत के अनुसार देकर जाए।

गुण

- छात्रों को सिखाते समय आपको धैर्य का परिचय देना होगा। कुछ छात्र ऐसे होंगे, जिन्हें देर से चीज समझ में आएगी। ऐसे में आपको उन्हें कई बार सिखाना होगा।
- मेहनत से सफलता जरूर मिलती है, इसलिए अपने काम को पूरी मेहनत के साथ करें। अगर कोई छात्र क्लास के बाद भी आपसे कुछ पूछ रहा है तो उसे अवश्य बताएँ या फिर अगर कोई छात्र अपने घर पर कोई डिश ट्राई कर रहा है और बनाते वक्त बीच में आपसे कुछ पूछना चाहता है तो उसे जरूर बताएँ, क्योंकि वे अपनी समस्याएँ आपको बताएँगे, तभी तो सीख पाएँगे।
- अपनी क्रिएटिविटी का भी इस्तेमाल करें और नई-नई डिश भी सिखाएँ, ताकि आनेवाली छात्राएँ कुछ नया और हटकर सीख पाएँ।

□

साइबर कैफे व्यवसाय

साइबर कैफे जहाँ मनोरंजन व नवीन जानकारियों के स्रोत माने जाते हैं, वहीं व्यावसायिक तौर पर भी फल-फूल रहे हैं। वैसे कैफे और कंप्यूटर ट्रेनिंग सेंटर चलानेवाले अधिकतर पुरुष ही होते हैं, पर अब घरेलू महिलाओं ने भी यह मोरचा सँभाल लिया है और सफलतापूर्वक इस काम को अपनी घरेलू जिम्मेदारियों के साथ निभा भी रही हैं। आइए जानें, इस रोजगार को आरंभ करते समय किन बातों का ध्यान रखना होगा—

पूँजी कितनी—अगर आप घर से ही साइबर कैफे का व्यवसाय कर रही हैं, तो ज्यादा पूँजी की आवश्यकता नहीं होती है। कम पूँजी से भी यह काम शुरू किया जा सकता है। अगर आपके घर पर एक कंप्यूटर है तो उसका इस्तेमाल भी आप कर सकती हैं। इसके अलावा दो कंप्यूटर और खरीद लें, फिर तीन कंप्यूटरों से अपना ट्रेनिंग सेंटर खोला जा सकता है। वैसे कंप्यूटर ट्रेनिंग सेंटर आरंभ करने के लिए कम-से-कम 1 लाख रुपए की आवश्यकता होती है। इसके लिए बैंक आदि से लोन भी लिया जा सकता है।

कितनी जगह—यह कंप्यूटर सेंटर आप घर के ही किसी भी कमरे में खोल सकती हैं। इतना अवश्य हो कि उस कमरे में तीन-चार कंप्यूटर टेबल और चेयर डालने की जगह हो, साथ ही आपके बैठने के लिए भी उपयुक्त जगह हो, क्योंकि आपको वहाँ पूरा दिन बिताना होता है और अगर आप आराम की स्थिति में हैं, तभी दूसरे लोगों को कंफर्टेबल फील करा सकेंगी। इसके अलावा लाइट का पूरा इंतजाम होना चाहिए। अगर आपके एरिया में लाइट के जाने-आने का कोई समय नहीं है तो इससे वहाँ आनेवाले लोगों को परेशानी का सामना करना पड़ सकता है, इसलिए लाइट के पावर बैक-अप के लिए आप जेनरेटर, इनवर्टर आदि की व्यवस्था करें। जिस कमरे में कंप्यूटर लगे हैं, वहाँ ए.सी. लगा हो, तो अच्छा है; क्योंकि

कंप्यूटर की मशीन गरम हो जाने पर ए.सी. उसे ठंडा रखने में मदद करता है। साथ ही वहाँ आनेवाले लोगों को भी गरमी से बचाता है।

योग्यता—किसी भी विषय से जुड़े ट्रेनिंग सेंटर को खोलने के लिए घरेलू महिलाओं का कम-से-कम 12वीं पास होना जरूरी है। साथ ही कंप्यूटर से जुड़ा हुआ कोई भी वोकेशनल कोर्स किया होना चाहिए, ताकि सेंटर पर किसी भी कस्टमर को अगर कोई परेशानी है और किसी चीज के बारे में सर्च करके कोई जानकारी चाहिए तो आप उसकी मदद कर सकें। इसके अलावा अगर कोई महिला इन वोकेशनल कोर्सेज को पार्टटाइम जॉब के रूप में भी सीखना चाहे तो आप उसे यह सिखा सकें। इन वोकेशनल कोर्सों में डिजाइनिंग, टेली मल्टीमीडिया, एनीमेशन से जुड़े कोर्स, कंप्यूटर की बेसिक जानकारी, एमएस ऑफिस, डीटीपी, वेबडिजाइनिंग, फाइनेंस डिजाइनिंग, विजुअल प्रोग्रामिंग, डाटा मैनेजमेंट सिस्टम जैसे कोर्स भी आप सिखा सकती हैं। ये सभी सर्टिफिकेट कोर्स होते हैं, जिनकी अवधि एक, दो या चार महीने हो सकती है। इसे आप साइबर कैफे के साथ-साथ शुरू कर सकती हैं। यह कोर्स एक या दो घंटे ही सिखाया जाता है। इसे आप एक या दो शिफ्ट में कई स्टूडेंट के बैच बनाकर भी सिखा सकती हैं।

शुरुआत में होनेवाली दिक्कतें और उपाय—किसी भी नए व्यवसाय को शुरू करने के लिए दिक्कतों का सामना तो करना ही पड़ता है, जैसे समय-समय पर कंप्यूटर में आनेवाली परेशानियों के लिए हार्डवेयर इंजीनियर को बुलाना पड़ता है। हार्डडिस्क का क्रैश होना, माउस का खराब होना, कंप्यूटर का बार-बार हैंग होना, किसी साइट का न खुलना आदि। इस तरह की परेशानी से बचने का एक सरल सा उपाय है कि समय-समय पर इंजीनियर को घर बुलाकर अपनी मशीन की जाँच कराते रहें और एक इंजीनियर से हमेशा कॉन्टैक्ट में रहें, ताकि उससे जान-पहचान इतनी हो जाए कि अगर वह आ भी नहीं पा रहा तो छोटी-मोटी परेशानी का उपाय आपको फोन पर ही बता दे, ताकि आप खुद उसे ठीक कर सकें। इससे आप रोज नए इंजीनियर को ढूँढ़ने और उसे ज्यादा पैसे देने से भी बच जाएँगी, क्योंकि एक बार ही आप उसकी विजिट तय कर लें।

सेंटर का समय—सुबह आठ बजे से शाम आठ बजे तक।

व्यवसाय में भविष्य—साइबर कैफे और कंप्यूटर का प्रयोग बच्चों और युवा पीढ़ी पर हावी होता जा रहा है। नेट से बच्चों को होमवर्क से संबंधित जानकारी, सामान्य ज्ञान की सूचनाएँ प्राप्त होती हैं। परीक्षा समाप्त होने के बाद तो सेंटर में व्यस्तता और भी बढ़ जाती है। इसके अलावा कई लड़कियाँ और घरेलू

महिलाएँ भी इन कोर्सों को सीखती हैं।

कमाई कितनी—10,000 से 20,000 रुपए महीना तक कमा सकती हैं।

ध्यान दें

- साइबर में साफ-सफाई का भी पूरा ध्यान रखें। साइबर में अगर कंप्यूटर पर धूल जमी हो तो एक बार आने के बाद दूसरी बार कस्टमर का मन नहीं करेगा, इसलिए साफ-सफाई का पूरा ध्यान रखें।
- अगर हो सके तो गरमी के मौसम में अपने कैफे में आनेवाले कस्टमर के लिए पानी का इंतजाम भी रखें, ताकि दूर से चलकर जो व्यक्ति आ रहा है, उसे परेशानी न हो।
- अपना कैफे सही समय पर खोलें और बंद करें।
- अपने कैफे के कुछ नियम बनाएँ और उनका पालन खुद भी करें तथा अपने यहाँ आनेवाले हर कस्टमर से भी उसका पालन करने के लिए कहें। इसके लिए यह नियम किसी भी चार्ट या व्हाइट पेपर पर लिखकर अपने कैफे में चिपकाएँ।
- आजकल कैफे के जरिए नेट का जो दुरुपयोग हो रहा है, उसे ध्यान में रखते हुए कस्टमरों को पहले ही सूचित कर दें कि अश्लील चैटिंग, मेल नहीं करेंगे और न ही ऐसी कोई वेबसाइट खोलेंगे।
- अपने यहाँ आनेवाले हर कस्टमर की गतिविधियों पर पूरा ध्यान रखें कि वह कोई संदिग्ध व्यक्ति तो नहीं है। जरा भी शक हो तो उसकी पूरी जाँच करें, क्योंकि वह आपके नेट का इस्तेमाल कर किसी आपराधिक गतिविधि को भी अंजाम दे सकता है।

□

डांस सिखाएँ और कमाएँ

अगर आप डांस करने में निपुण हैं और स्कूल-कॉलेज में आप डांस प्रतियोगिता में हमेशा भाग लेती थीं तथा अब भी इस क्षेत्र में कुछ करने की इच्छा रखती हैं, लेकिन घर से बाहर जाकर काम करना आपके लिए संभव नहीं है, तो फिर कोई बात नहीं है। हम आपकी इस प्रतिभा को यों ही व्यर्थ नहीं जाने देंगे। आप चाहें तो घर बैठे ही अपने इस डांस के हुनर से अपना शौक भी पूरा कर सकती हैं और साथ में डांस को अपना प्रोफेशन बनाकर पैसा भी कमा सकती हैं।

कैसे करें—सबसे पहले तो आप खुद में यह तय कर लें कि आप डांस सिखाने के लिए पहले कोई शॉर्ट टर्म कोर्स कर उसकी ट्रेनिंग लेना चाहेंगी या फिर ट्रेनिंग लिए बिना ही डांस क्लास शुरू करना चाहती हैं। इस काम के लिए सबसे पहले आप तय करें कि दिन में आप किस वक्त फ्री होती हैं और डांस सिखा सकती हैं या फिर आपको अपना घर का काम आने वाले स्टूडेंट के टाइम के हिसाब से सेट करना होगा। खुद को पहले इस बात के लिए तैयार करें।

कितनी जगह—इस काम के लिए आप अपने घर का कोई एक कमरा चुन सकती हैं। हाँ, यह अवश्य ध्यान रखें कि वह कमरा आपको खाली करना होगा। उसमें एक टेबल और चेयर छोड़कर फर्नीचर आदि के लिए कोई जगह नहीं होनी चाहिए।

क्या सामान चाहिए—कमरे में एक म्यूजिक सिस्टम होना चाहिए। साथ में कुछ अच्छे नए-पुराने गानों की सीडी भी होनी चाहिए। एक कोने में टेबल पर पानी का इंतजाम भी होना चाहिए।

प्रचार कैसे करें

प्रचार करने के लिए आप कोई पैंफलेट छपवाकर बाँट सकती हैं। अपनी

कॉलोनी के मार्केट की दुकानों पर ये पैंफलेट चिपका सकती हैं। अपने मिलने-जुलनेवाले और रिश्तेदारों को बता सकती हैं। चाहें तो अपनी यह क्लासेज शुरू करने से पहले एक 'फ्री डेमो क्लास' रखें, जिसमें अपनी पूरी सोसाइटी को आमंत्रित करें। इससे लोगों को यह पता चल जाएगा कि आप कैसे और किस तरह का डांस सिखाएँगी तथा अगर लोगों को आपके सिखाने का स्टाइल पसंद आया तो वे आपकी क्लास में जरूर आना चाहेंगे।

डांस के फायदे के बारे में जानकारी दें

- शरीर में ब्लड सर्कुलेशन अच्छा होता है।
- वेट कंट्रोल में रहता है और एक्स्ट्रा कैलोरी बर्न होती है।
- दिमाग ज्यादा चुस्ती से काम करता है।
- बॉडी टोन हो जाती है।
- डांस करने से शरीर में स्टेमिना बढ़ता है और मजबूती आती है।
- डांस करने से मन शांत होता है और तनाव दूर होता है।
- नए आइडियाज आते हैं।
- बॉडी में फ्लेक्सिबिलिटी बढ़ती है।
- डांस करने से ऑक्सीजन ज्यादा मिलती है।
- डांस करने से सकारात्मक ऊर्जा मिलती है और आत्मविश्वास बढ़ता है।

क्या गुण होने चाहिए

- डांस सिखाने के लिए आपको मेहनती होना चाहिए, क्योंकि यह काम मेहनत का है।
- बच्चों को डांस सिखाना आसान नहीं है। इस काम में धैर्य की आवश्यकता होती है।
- चाहे डांस सीखें या सिखाएँ, इस काम में नियमित अभ्यास की बहुत जरूरत होती है। इसलिए हर रोज सिखाने के साथ-साथ अभ्यास के लिए भी समय निकालें।
- आपके अंदर क्रिएटिविटी का होना भी जरूरी है, ताकि आप खुद भी कुछ नए स्टेप्स बना सकें।
- आपके अंदर डांस सिखाने की ललक होनी चाहिए, न कि अपने काम के घंटे पूरा होने की चाह। अगर आप रोज किसी बच्चे को एक घंटा डांस

सिखा देती हैं तो इससे आपकी ड्यूटी पूरी नहीं हो जाती, जब तक कि उसे डांस करना नहीं आ जाता, भले ही इसके लिए आपको उसे एक्स्ट्रा टाइम देना पड़े।

डांस की किस्में

क्लासिकल डांस—कथक, ओडिसी, भरतनाट्यम, कथकली, कुचीपुड़ी, मोहिनीअट्टम, लोक नृत्य।

वेस्टर्न डांस—सालसा, बालरूम डांस, बैले, जैज, मॉर्डन 'डांस, हिप-हॉप डांस, एरोबिक्स डांस, टैप डांसिंग, ब्रेक डांस, जुबा डांस, बॉलीवुड डांस, एक्रो डांस आदि।

दिल्ली में डांस स्कूल

- सेंटर फॉर इंडियन क्लासिकल डांसर, डिफेंस कॉलोनी, नई दिल्ली।
- संगीतालय, प्रीतमपुरा, दिल्ली
- दिल्ली म्यूजिक सोसाइटी, चाणक्यपुरी, दिल्ली
- डांस-दिल्ली-डांस, मयूर विहार
- गंधर्व महाविद्यालय, दीनदयाल उपाध्याय मार्ग, नई दिल्ली।
- पंडित शंभू महाराज कथक एकेडमी, ग्रेटर कैलाश, नई दिल्ली।

कमाई—कमाई इस बात पर निर्भर करती है कि आप अकेले बच्चे को डांस सिखा रही हैं या फिर ग्रुप में डांस सिखा रही हैं। इन दोनों के ही रेट अलग होते हैं। अकेले सिखाने के पैसे ज्यादा होते हैं। आप चाहें तो दो-तीन बैच में भी डांस सिखा सकती हैं। इसमें आप आराम से हर महीने 10 से 15 हजार रुपए कमा सकती हैं।

किन बातों का ध्यान रखें

- सिखाते समय इस बात का खयाल रखें कि आपके डांस के स्टेप्स बिल्कुल सही होने चाहिए, तभी आप बाकी लोगों को सिखा पाएँगी।
- अपनी क्रिएटिविटी का भी इस्तेमाल करें। फिल्मों के गानों को कॉपी करके डांस न सिखाएँ, क्योंकि बच्चे वह जल्दी भूल जाएँगे। उन्हें गाने के बोल के अनुसार डांस सिखाएँ, कॉपी किया हुआ डांस नहीं।
- अगर किसी स्टूडेंट को डांस के स्टेप समझ में नहीं आ रहे या फिर वह

स्टेप उससे नहीं हो रहा, तो उस स्टेप को बदलकर कुछ नया और आसान स्टेप कराएँ, ताकि स्टूडेंट का आत्मविश्वास न टूटे।

- अगर कोई स्टूडेंट अच्छा डांस कर रहा है तो उसकी तारीफ करने में न हिचकिचाएँ, इससे उसका प्रोत्साहन बढ़ेगा।
- अपने स्टूडेंट से एक अच्छा रिश्ता बनाएँ, ताकि वह अपनी हर प्रॉब्लम आपसे खुलकर डिसकस कर सके।
- अगर किसी डांस में आपको प्रॉब्लम हो रही है तो गलत सिखाने की बजाय आप खुद पहले उसे सीखें, तभी सिखाएँ। आखिर यह आपकी रेपुटेशन का सवाल है।
- जो भी सिखाएँ, पूरे मन से सिखाएँ। टाइम न देखती रहें कि टाइम कब खत्म होगा! अगर आप अपना यह काम मन से करेंगी तो देखते-ही-देखते आपके पास सीखनेवालों की लाइन लग जाएगी और आपका बिजनेस अच्छा चल पड़ेगा।

□

डायरेक्ट मार्केटिंग

यह काम महिलाओं के लिए बहुत ही अच्छा है, क्योंकि इसके जरिए आप कई नए लोगों से मिलती हैं, आपका एक अपना सोशल सर्किल बनता है और यह कमाई के साथ-साथ टाइम पास का भी एक अच्छा जरिया है। खास तौर पर उन महिलाओं के लिए, जो किसी कारणवश बाहर जाकर नौकरी नहीं कर सकतीं। जेब-खर्च के लिए कॉलेज जानेवाली लड़कियों के लिए भी यह एक अच्छा कारोबार है, जिसे वे अपनी शादी के बाद भी जारी कर सकती हैं।

ट्रेनिंग—इस काम को करने के लिए किसी भी तरह की ट्रेनिंग लेना जरूरी नहीं है। हाँ, इतना अवश्य है कि आपको इस काम में रुचि होनी चाहिए। प्रोडक्ट आदि पर मिलनेवाले डिस्काउंट का हिसाब-किताब लगाना आना चाहिए। हाँ, समय-समय पर होनेवाली मीटिंग आदि को अटेंड करके भी आप यह काम कैसे किया जाता है, वह सीख सकती हैं। अगर आपके आस-पास कोई महिला यह काम कर रही है तो आप उसकी मेंबर बन जाएँ और उसके साथ मीटिंग आदि अटेंड करें। इसके बाद काम शुरू कर आप खुद मेंबर बनाएँ और अपना प्रोडक्ट सेल करें।

प्रचार कैसे करें—ऑरिफ्लेम कॉस्टमेटिक, टपरवेयर, एवान कॉस्मेटिक, फाइन प्लास्टिक प्रोडक्ट जैसी कंपनियाँ अपने प्रोडक्ट के विज्ञापन कम ही प्रकाशित करती हैं, इसलिए इनकी मार्केटिंग का पूरा जिम्मा आपका ही है। अगर आपका प्रोडक्ट अच्छा है और क्वालिटी भी सही है, तो इसे बेचना मुश्किल नहीं है। अकसर महिलाओं ने 'किटी' डाली होती है। अपनी किसी सहेली की मदद से आप किसी भी किटी को अटेंड करें। वहाँ आपको महिलाओं का एक बड़ा ग्रुप मिलेगा। उनके सामने आप अपना प्रोडक्ट रखें और उसके फायदे बताएँ। इसके अलावा आप अपने घर पर भी किटी या ऐसी कोई मीटिंग रख सकती हैं, जिसमें

आप अपनी कॉलोनी की महिलाओं को बुलाएँ और उन्हें भी अपनी फ्रेंड्स को साथ लाने के लिए कहें। यहाँ एक-दूसरे से सुनकर ही प्रोडक्ट की पब्लिसिटी होती है। इसके अलावा आप वर्किंग वूमेन हॉस्टल, पार्लर, महिलाओं के क्लब आदि में जाकर भी अपना प्रोडक्ट सेल कर सकती हैं।

कमाई का जरिया—इस काम की कमाई आपके बातचीत करने के हुनर पर निर्भर करती है, जितना ज्यादा आप महिलाओं से मिलेंगी और उन्हें अपने प्रोडक्ट के लिए कन्विंस कर पाएँगी, उतनी ही अधिक आपकी बिक्री होगी। यह आपकी मेहनत पर निर्भर करता है, आप महिलाओं से मेल-जोल बढ़ाकर उन्हें सामान बेचने में कितनी रुचि दिखाती हैं।

कैसे करें—यह काम आपकी व्यवहारकुशलता, बातचीत करने के अंदाज और मेहनत पर टिका है। शुरू-शुरू में महिलाओं को अपने प्रोडक्ट के प्रति भरोसा दिलाना काफी कठिन काम है, लेकिन एक बार विश्वास जम जाने के बाद खुद ही ऑर्डर आने लगेंगे और आपका काम चल निकलेगा। कंपनी के द्वारा दी गई समय- सीमा के अंदर-अंदर काम पूरा होने पर मिलने वाले फ्री गिफ्ट्स और पैसों को देखकर एक अलग ही खुशी का अनुभव होगा।

कमाई—इस काम के जरिए आप आसानी से 5-7 हजार रुपए महीना कमा सकती हैं। वैसे कमाई आपको मिलने वाले ऑर्डर पर निर्भर करती है। मुंबई में कॉस्मेटिक की डायरेक्ट सेलिंग करने के अच्छे अवसर हैं। आप स्वयं अपना लक्ष्य निर्धारित कर अपनी सुविधा के अनुसार प्रोडक्ट बेच सकती हैं।

माल कहाँ से लें—आप जिस महिला की मेंबर बनी हैं, वही आपको सामान भी दिलवाती है। लेकिन अगर आप खुद ही करना चाहती हैं तो अपने क्षेत्र में उस कंपनी की किसी रिप्रेजेंटिव से संपर्क करें या अपने शहर में इन कार्यालयों का पता लगाएँ, जैसे ऑरिफ्लेम का कार्यालय नई दिल्ली, कनॉट प्लेस में है। एवान और टपरवियर के कार्यालय गुड़गाँव में हैं। इसी तरह आप अपने शहर के कार्यालयों का पता लगाएँ और कंपनी में जाकर बात करें और अपना काम शुरू करें।

ध्यान दें

- अपना ऑर्डर कंपनी के द्वारा दी गई समय-सीमा के अंतर्गत पूरा करने पर आपको गिफ्ट आदि भी मिलते हैं, जिससे आपकी एक्स्ट्रा इनकम होती है।
- यदि कभी कोई महिला किसी ऐसे शेड की माँग करती है, जो कंपनी में उपलब्ध नहीं है तो आप ऐसे में उस महिला की स्किन टोन से मैच करता

हुआ कोई अन्य कलर पसंद करने में मदद कर सकती हैं। आप किसी शेड को चुनने में मदद कर सकती हैं।

- आप जिस प्रोडक्ट को सेल कर रही हैं, उसके बारे में आपको पूरी जानकारी होनी चाहिए, ताकि ग्राहक की किसी भी जिज्ञासा का समाधान आप आसानी से कर सकें।
- अपना माल बेचने के लिए गलत सलाह देने से बचें।
- कंपनी की तरफ से ट्रेनिंग प्रोग्राम और इवेंट समय-समय पर आयोजित किए जाते हैं, उन्हें जरूर अटेंड करें। इनमें जो जानकारियाँ मिलती हैं, वे आपके लिए लाभदायक ही होंगी।
- हिम्मत न हारें।
- हर व्यक्ति से कुछ नया सीखें।

□

कढ़ाई और क्रोशिए में रोजगार

कढ़ाई और क्रोशिया एक ऐसी कला है जिससे कम पढ़ी-लिखी महिलाएँ भी घर बैठे कम पूँजी के बल पर आर्थिक लाभ अर्जित कर सकती हैं। ये ऐसी पुरातन कलाएँ हैं, जिनकी माँग कभी कम नहीं हुई, आज भी बनी हुई हैं। इन्हें व्यवसाय के रूप में अपनाकर महिलाएँ अच्छा-खासा पैसा कमा रही हैं। कुछ महिलाओं में प्रतिभा जन्मजात होती है और प्रशिक्षण प्राप्त कर इस व्यवसाय को अपनाती हैं।

कहाँ बेचें—कढ़ाई क्रोशिए से बनी वस्तुओं को बेचने के लिए वैसे तो अपने आस-पास के किसी भी बड़े मार्केट के शॉपकीपर से बात की जा सकती है और अपना माल उसके माध्यम से बेचा जा सकता है। इसके अलावा दिल्ली के बाजार जनपथ, पालिका बाजार, सरोजनी नगर, लाजपत नगर जैसे मार्केट में जाकर इस तरह का सामान रखनेवाले शॉपकीपर से बातचीत कर सकती हैं और अपना माल वहाँ सेल कर सकती हैं। इसके अलावा कढ़ाई क्रोशिए से तैयार की गई सभी वस्तुएँ अपनी प्रदर्शनी लगाकर भी बेची जा सकती हैं। इसके अलावा दिल्ली हाट में किराए पर जगह लेकर भी अपने द्वारा तैयार की गई वस्तुओं की प्रदर्शनी लगाई जा सकती है। इसे दिल्ली के प्रगति मैदान में स्टॉल लगाकर भी बेचा जा सकता है। साल में एक बार इस तरह की प्रदर्शनी में अपना माल लगाने से आपको साल भर के लिए कई अच्छे ऑर्डर भी मिल सकते हैं। एक बार मार्केट में आपका नाम हो गया और जान-पहचान बन गई तो घर बैठे आप अपना माल तैयार करके दुकानदारों को सेल कर सकती हैं।

पूँजी—इस स्वरोजगार को थोड़े से पैसे लगाकर शुरू किया जा सकता है। पूँजी की कमी होने पर किसी भी राष्ट्रीयकृत बैंक से 50 हजार रुपए तक का ऋण एक प्रतिशत ब्याज पर लिया जा सकता है। इसके अलावा 'दिल्ली वेलफेयर बोर्ड'

द्वारा भी सहायता राशि प्रदान की जाती है। कुछ प्राइवेट बैंक भी स्वरोजगार हेतु ऋण उपलब्ध कराते हैं।

फैशन में है कढ़ाई क्रोशिया—आजकल कढ़ाई, क्रोशिया और पेंटिंग, तीनों का काम एक ही वस्तु पर एक साथ चल रहा है। सूट में आगे पेंटिंग, गले में कॉलर कफ पर कढ़ाई और बाँहों में क्रोशिया फैशन में है। कोलकाता और अहमदाबाद की सूती साड़ियों में क्रोशिया के पैच और कढ़ाई की बेल का प्रचलन आज भरपूर मात्रा में दिखाई दे रहा है। क्रोशिए और कढ़ाई के सोफा कवर और डायनिंग टेबल के मैट्स वगैरह भी बहुत पसंद किए जाते हैं। यहाँ तक की कढ़ाई की गई बेडशीट भी मार्केट में अच्छी-खासी कीमत पर मिलती है।

जरूरी सामग्री

- तारकशी के रंगीन धागे
- सूई
- क्रोशिया
- डिजाइन करने के लिए मैट
- सीनरी
- कैंची
- लेही
- फैब्रिक

सामान कहाँ से खरीदें—आप ये सामान इकट्ठा किसी भी थोक बाजार से ले सकती हैं। उसमें यह आपको सस्ता भी पड़ता है, जैसे दिल्ली में गांधी नगर, किनारी बाजार, लाजपत नगर जैसे मार्केट में यह सामान थोक में कम दामों में मिल जाता है।

ध्यान रखें

- रंगीन धागों का इस्तेमाल करते हुए इस बात का ध्यान रखें कि वे कच्चे रंगवाले नहीं होने चाहिए, क्योंकि अगर उन्होंने रंग छोड़ दिया तो आपकी पूरी मेहनत को बेकार होते देर नहीं लगेगी।
- धागा कच्चा भी नहीं होना चाहिए, वरना डिजाइन बनने के बाद या बीच में ही वह एक भी जगह से टूट गया तो पूरी डिजाइन बीच-बीच में से टूट जाएगी और गाँठें बाँधने पर डिजाइन अच्छी नहीं दिखेगी।

- इस व्यवसाय में गुण के साथ-साथ अतिरिक्त सूझ-बूझ और कल्पनाशीलता की आवश्यकता होती है।
- रंग-संयोजन की जानकारी भी होनी चाहिए कि किस रंग के साथ कौन सा अतिरिक्त रंग मैच करेगा!
- लोगों की रुचि व समकालीन फैशन पर पूरी नजर रखें।
- डिजाइन स्वयं तैयार करें, ताकि अपनी कल्पनाओं के अनुरूप चीजों को ढाल सकें।
- जो भी काम करें, उसे सफाई से करें, क्योंकि इस काम में जिसका हाथ साफ है, दुकान उसी की चलेगी।
- कोई भी डिजाइन तैयार करने में समय लगता है, इसलिए हर रोज थोड़ा-थोड़ा बनाने के बाद डिजाइन को सँभालकर अलमारी आदि में रख दें, वरना उसके गंदे होने का डर रहता है। वैसे भी ये मैट अधिकतर व्हाइट या ऑफ व्हाइट रंग के पसंद किए जाते हैं।
- इस व्यवसाय में प्रतिस्पर्धा अधिक होने के कारण बाजार के रुख व रुचियों पर नजर रखना भी जरूरी होता है।

शैक्षिक योग्यता—कोई भी महिला उम्मीदवार, जिसने 12वीं में 50 प्रतिशत अंक हासिल किए हों, कढ़ाई क्रोशिए के डिप्लोमा कोर्स में एडमिशन ले सकती है। एडमिशन मेरिट के आधार पर होता है। दिल्ली सरकार द्वारा दिल्ली के सभी आईटीआई में यह डिप्लोमा कराया जाता है। आयु-सीमा 17 से 25 वर्ष है। इसके अलावा अनुसूचित जाति व जनजाति के उम्मीदवारों को फीस में भी छूट का प्रावधान है। इस कोर्स के लिए एडमिशन जुलाई-अगस्त में होते हैं, लेकिन प्राइवेट इंस्टीट्यूट में एडमिशन दिसंबर के अंत तक होते हैं।

प्रशिक्षण कहाँ से लें

- आईटीआई, विवेक विहार, शाहदरा, नई दिल्ली-95
- आईटीआई, जहाँगीरपुरी, दिल्ली-33
- आईटीआई, नंद नगरी, नई दिल्ली-93
- आईटीआई, पूसा, नई दिल्ली-12
- आईटीआई, अरब की सराय, निजामुद्दीन, नई दिल्ली-13
- आईटीआई, तिलक नगर, नई दिल्ली-18
- आईटीआई, मोरी गेट, गोखले रोड, नई दिल्ली-06

- जनता महाविद्यालय, बेंगलुरु
- श्री रामा गवर्नमेंट पॉलिटेक्निक, वालापद, केरल
- आईटीआई लुधियाना, पंजाब
- जन सिक्किम संगठन, इलाहाबाद

□

इ-ट्यूशन

आज इंटरनेट का मतलब केवल मौजमस्ती, चैट या दोस्तों को मेल करना नहीं रह गया है, बल्कि इसे रोजगार के रूप में भी देखा जाने लगा है। यदि आप किसी विषय पर अच्छी पकड़ रखती हैं और इंटरनेट की जानकार भी हैं, तो घर बैठे 'ऑनलाइन-ट्यूशन' के माध्यम से हजारों डॉलर कमा सकती हैं। आप घर बैठे ही अमरीका, ब्रिटेन, कनाडा और मिडिल ईस्ट आदि देशों के छात्राओं को पढ़ा सकती हैं। यही वजह है कि इसे स्वरोजगार के तौर पर भी अपनाया जाने लगा है। खासकर, उन लोगों के लिए ऑनलाइन ट्यूशन बेहद फायदेमंद है, जो किसी कारणवश घर से बाहर निकलकर जॉब करने में असमर्थ हैं।

क्या है इ-ट्यूशन—'ऑनलाइन ट्यूशन' से तात्पर्य यह है कि इंटरनेट के विभिन्न टूल्स का उपयोग करते हुए देश या देश के बाहर के स्टूडेंट को पढ़ाना होता है। इसमें टीचर और स्टूडेंट इंटरनेट के माध्यम से एक-दूसरे से जुड़े होते हैं। यहाँ कंप्यूटर की स्क्रीन पर एक इलेक्ट्रॉनिक व्हाइट बोर्ड होता है, जिस पर दोनों को लिखने की सुविधा होती है। साथ ही दोनों माइक्रोफोन की मदद से समझने-समझाने का काम करते हैं। इस ट्यूशन का फायदा यह होता है कि स्टूडेंट और टीचर दोनों को ही घर बैठे इस सुविधा का लाभ मिलता है। उन्हें ट्यूशन देने या लेने के लिए घर से बाहर नहीं जाना पड़ता।

कैसे शुरुआत करें—अगर आप पढ़ी-लिखी हैं, आपको नॉलेज है और आपको बच्चों को पढ़ाना अच्छा लगता है तो घर बैठे ही आप इसे अपना एक अच्छा रोजगार बना सकती हैं। आज कई ऐसी वेबसाइट्स मौजूद हैं, जहाँ इंटरव्यू और टेस्ट देने के बाद इस काम की शुरुआत की जा सकती है। इसके लिए आप इ-ट्यूशन प्रोवाइडर की साइट पर जाकर उसके 'इ-ट्यूशन' सेंटर में शामिल हो जाएँ। यहाँ ज्वाइन करते ही आपको स्टूडेंट मिलने लगेंगे। फिर आप अपनी मरजी

से दिन में कभी भी एक या दो घंटे निकालकर स्टूडेंट को पढ़ाएँ और उसके बदले में आपकी फीस इ-ट्यूशन प्रोवाइडर के द्वारा चुका दी जाती है।

सुविधाएँ क्या होनी चाहिए—इसके लिए आपको ज्यादा कुछ नहीं बस एक अच्छे कंप्यूटर और इंटरनेट कनेक्शन की जरूरत होती है। साथ ही बिजली के लिए पावर बैक-अप होना चाहिए, जिससे कि लाइट चले जाने पर इंटरनेट कटने या कंप्यूटर बंद होने की समस्या न हो और आपके काम में किसी भी तरह की कोई बाधा न आए।

क्या गुण होने चाहिए

- आपके पास कम-से-कम ग्रेजुएट की डिग्री होना आवश्यक है, विशेषकर मैथ्स, इंग्लिश, केमिस्ट्री जैसे विषयों में।
- आवाज का स्पष्ट होना भी जरूरी है, क्योंकि इसमें आप स्टूडेंट को आमने-सामने बैठकर नहीं पढ़ातीं, बल्कि आवाज के माध्यम से ही दोनों के बीच कम्यूनिकेशन होता है, इसलिए आवाज का साफ होना जरूरी है।
- मैथ्स, अंग्रेजी जैसे विषयों पर अच्छी पकड़ होनी चाहिए।
- कंप्यूटर का इस्तेमाल करना भी आना चाहिए।
- डिजिटल पेन और कॉन्फ्रेंसिंग पैड का इस्तेमाल भी आना चाहिए।
- अंग्रेजी विषय पर अच्छी पकड़ के साथ लेखन का ज्ञान भी होना चाहिए।
- मल्टी मीडिया का ज्ञान होना चाहिए।
- वेब कैमरा होना चाहिए।
- संबंधित देश के विषयों की जानकारी हो।

ट्रेनिंग—इ-ट्यूशन की जरूरत लर्निंग प्रोग्राम के डिजाइन व एप्लीकेशन और इ-ट्यूशन के लिए उपलब्ध हार्डवेयर व सॉफ्टवेयर टूल्स के अनुसार बहुत हद तक अलग-अलग हो सकती है। इस काम में भारतीय बच्चों को ही नहीं अमरीकी बच्चों को भी पढ़ाते हैं, इसलिए इसमें अमरीकी स्टूडेंट को हैंडल करने की ट्रेनिंग भी जरूरी है। दिल्ली स्थित एजुकॉप इस काम के लिए 30 दिन की ट्रेनिंग देता है। इसके अलावा यह ट्रेनिंग वे कंपनियाँ भी प्रदान करती हैं, जो आपकी सेवाएँ इ-ट्यूटर के तौर पर लेती हैं।

- ट्रेनिंग के दौरान ऑनलाइन पढ़ाने की जानकारी दी जाती है।
- अमरीकी टेक्स्ट बुक की समस्याओं को सुलझाने की ट्रेनिंग दी जाती है।
- ग्रुप मीटिंग और स्टूडेंट की बार-बार की जानेवाली गलतियों से ट्यूटर को

परिचित कराया जाता है।

- आवाज और सही उच्चारण की ट्रेनिंग भी दी जाती है।
- 'कॅरियर लॉञ्चर' जैसी जगह भी है, जो आपको सॉफ्टवेयर के सही इस्तेमाल की सही जानकारी देने के साथ-साथ सही एक्सेंट की जानकारी भी देती है।

कठिनाई भी आती है—इ-ट्यूशन देना काफी आसान काम है, लेकिन इसमें भी कुछ परेशानियाँ हैं, जैसे कि अगर आप इंटरनेट फ्रेंडली नहीं हैं तो आपको थोड़ी सी दिक्कत आ सकती है, जैसे कि नेट की स्पीड और कंप्यूटर के कार्य करने में दिक्कत होती है। इसके अलावा यहाँ काम करने के लिए आपको डिजीटल पेन और कॉन्फ्रेंसिंग पैड का इस्तेमाल करना होता है, इसलिए इन सब परेशानियों से बचने के लिए अच्छा है कि इंटरनेट का ज्यादा-से-ज्यादा इस्तेमाल करें और इससे संबंधित ट्रेनिंग लें, ताकि आपको सॉफ्टवेयर से संबंधित भी कोई दिक्कत नहीं आए।

कमाई—इ-ट्यूशन की सर्विस लेनेवाले अधिकतर संस्थानों में 300-350 रुपए प्रतिघंटे के हिसाब से पेमेंट तो तय है। लेकिन इस क्षेत्र में जो कंपनियाँ अपनी पैठ बना चुकी हैं, वे एक ट्यूटर को 15 से 20 हजार रुपए महीना कमाने का मौका भी देती हैं। अब यह आपके दिए हुए वक्त और प्रतिभा पर निर्भर करता है कि आप कितना कमा पाते हैं!

भारत में इसका भविष्य—'एसोसिएटेड चैंबर्स ऑफ कॉमर्स ऐंड इंडस्ट्री ऑफ इंडिया' द्वारा किए गए सर्वेक्षण के मुताबिक 'ऑनलाइन ट्यूटोरियल बाजार' सालाना 40 फीसदी की दर से बढ़ रहा है और वर्ष 2015 तक 1,200 करोड़ रुपए के वर्तमान स्तर से बढ़कर यह बाजार 3,500 करोड़ रुपए का हो जाएगा।

यूएस और ब्रिटेन जैसे देशों में भारतीय ऑनलाइन टीचर्स की माँग तेजी से बढ़ रही है। इसके पीछे एक कारण यह है कि यहाँ के टीचर्स का पढ़ाने का तरीका काफी अच्छा होता है। इसके अलावा दूसरे देशों के टीचर्स की तुलना में फीस भी कम लेते हैं। यह भी सच है कि भारतीय टीचर्स सांइस, मैथ्स और अंग्रेजी विषयों में अच्छी पकड़ रखते हैं तथा इनका एक्सेंट भी अच्छा होता है। यही वजह है कि लोग इसे स्वरोजगार के तौर पर अपना सकते हैं, क्योंकि इससे आपका घर बैठे ही डॉलर कमाने का सपना भी सच हो सकता है।

□

फैब्रिक पेंटिंग

पेंटिंग पर हाथ सधा हुआ है और घर बैठे ही कुछ कर गुजरने का जज्बा मन में है तो फिर देर किस बात की? अपने इस हुनर को क्यों न अपना व्यवसाय बना लिया जाए।

ट्रेनिंग—कैमलिन के प्रोफेशनल और कॉमर्शियल कोर्स होते हैं, जिन्हें करने के बाद आप घर से ही पेंटिंग बनाने का काम शुरू कर सकती हैं।

कमाई का जरिया—आप गरमियों की छुट्टियों में बच्चों को पेंटिंग बनाने का काम सिखा सकती हैं। इसके अलावा आप खुद ही घर पर अपने खाली समय में पेंटिंग कर सकती हैं और उन्हें बनाकर बेच सकती हैं। आप चाहें तो स्कूल व कॉलेजों से संपर्क कर सकती हैं और छात्रों को टी-शर्ट, स्कर्ट्स, साड़ी आदि पर पेंट करके फैब्रिक पेंटिंग के गुण सिखा सकती हैं। यहाँ आपको एक क्लास के लिए 300 से 500 रुपए तक मिल जाते हैं।

आमदनी—एक पेंटेड साड़ी की कीमत 3000 रुपए से 10,000 रुपए तक होती है। फैब्रिक पेंटिंग भी अच्छे दामों पर बिकती है। सामान्यत: 25 प्रतिशत लाभ होता है। इसके अलावा पेंटिंग सिखाने पर भी आप हर बच्चे से अच्छे पैसे ले सकती हैं। आपकी कमाई बिकनेवाले माल और आपके पास पेंटिंग सीखने आनेवाले बच्चों की संख्या पर निर्भर करती है।

कच्चा माल—अगर आप बच्चों को पेंटिंग सिखाने का काम कर रही हैं तो उसके लिए बच्चे अपने लिए पेपर शीट, रंग व पेंसिल, रंग घोलनेवाली ट्रे आदि छोटी-मोटी चीजें खुद ही लेकर आएँगे। लेकिन अगर आप सेल करने के हिसाब से पेंटिंग का काम शुरू कर रही हैं, तो कपड़ा, रंग, रंगीन धागे, बॉम्बे डाइंग की चादरों पर पेंटिंग करनी है तो प्लेन चादरें या प्लेन साड़ी पीस आदि आपको खुद ही खरीदने होंगे। उसके लिए आप किसी थोक के क्लॉथ मार्केट से ये सब चीजें

इकट्ठा ही खरीद लाएँ। इससे काम करने में किफायत भी होगी और बार-बार खरीदकर लाने के झंझट से छुटकारा भी मिलेगा।

फैब्रिक पेंटिंग का व्यवसाय करने के लिए आपको कुछ बातों का ध्यान रखना पड़ता है, जैसे कि—

- इसके लिए सबसे पहले घर का वह कमरा चुनें, जहाँ बच्चों की पहुँच सबसे कम हो, क्योंकि वहाँ फैले रंग इत्यादि को बच्चे खराब कर सकते हैं।
- उस कमरे में अलमारी वगैरह होनी चाहिए, ताकि सामान इधर-उधर न फैले।
- कमरे में धूल-मिट्टी आदि नहीं होनी चाहिए। वहाँ साफ-सफाई का विशेष ध्यान रखें, क्योंकि आपके द्वारा की गई पेंटिंग पर अगर धूल बैठ गई तो रंग फीके दिखेंगे और पेंटिंग गंदी लगेगी।
- आपके काम में जितनी अधिक बारीकी और सफाई होगी, उतना ही अधिक आपका काम सराहा जाएगा और मार्केट में आपकी एक अलग ही पहचान बनेगी।
- बच्चों को पेंटिंग बनाना सिखा रही हैं तो टाइम मैनेजमेंट और अनुशासन का विशेष ध्यान रखें। क्लास समय से शुरू होकर समय से खत्म हो, ताकि आपका भी समय न बरबाद हो और न ही बच्चों का।
- क्लास लेने के समय सिर्फ क्लास ही लें, ऐसा नहीं होना चाहिए कि आप क्लास लेते समय भी घर के जरूरी काम निबटा रही हों।
- आपका अच्छा व्यवहार और आपके अच्छे संपर्क ही आपको इस क्षेत्र में मशहूर करने में मदद करेंगे।

ये भी हैं प्लेटफॉर्म

आर्ट गैलरी एक अच्छा ऑप्शन—आर्ट गैलरी से भी अपनी कला का प्रदर्शन शुरू कर सकती हैं। आर्ट गैलरी में पेंटिंग्स रखने का फायदा यह होता है कि अगर पेंटिंग्स नहीं भी बिकीं तो कम-से-कम लोगों की नजर में तो आ ही जाती हैं। लोग उन्हें देखकर एप्रिशिएट करते हैं। इससे आपको मोरल सपोर्ट मिलेगा। आर्ट गैलरी के जरिए आप धीरे-धीरे अपने कार्य से जुड़े लोगों को जानने-पहचानने लगती हैं और साथ ही आप खुद भी यह समझ पाती हैं कि कहाँ और किस तरह आपको आगे बढ़ने का मौका मिल सकता है। उभरते कलाकारों के लिए अपनी

हस्तकला का प्रदर्शन करने के लिए आर्ट गैलरी एक अच्छा माध्यम साबित हो सकता है।

कला प्रदर्शनी में भी अपनी पेंटिंग बेचकर कमा सकती हैं—किसी भी एग्जीबिशन में अपनी कला का प्रदर्शन करने के लिए कलाकार का डेवलपमेंट कमिश्नर, हैंडीक्राफ्ट के यहाँ रजिस्ट्रेशन होना जरूरी है, जो मिनिस्ट्री ऑफ टेक्सटाइल के अंतर्गत आता है। इसके जरिए एक तो आप को गवर्नमेंट एग्जीबिशन में अपनी कला का प्रदर्शन करने का मौका मिलता है, साथ ही कॉरपोरेट ऑर्डर व एक्सपोर्ट ऑर्डर भी मिल जाते हैं। दूसरे, प्राइवेट एग्जीबिशन लगानेवाले भी आपको जानने लगते हैं। वहाँ भी आपके लिए रास्ता खुल जाता है।

उभरते कलाकारों के लिए—उभरते कलाकारों को प्रमोट करने के लिए कुछ प्राइवेट क्लब व एनजीओ भी काम करते हैं। जैसे लायंस क्लब, रोटरी क्लब, वूमेन वेलफेयर एसोसिएशन, ग्रामीण हस्तकला विकास समिति, दस्तकारी हाट समिति आदि। इसके अलावा ऐड फेयर, क्राफ्ट म्यूजियम, क्राफ्ट इंडस्ट्री में भी अपनी कला का प्रदर्शन कर सकती हैं।

□

फ्लोरिस्ट बनें

जीवन में खुशी के रंग भरना हो या फिर देवी-देवताओं को प्रसन्न करना हो या फिर किसी को श्रद्धांजलि अर्पित करनी हो, इन सभी का माध्यम बनता है फूल। वैसे भी आजकल फूलों के द्वारा की गई सजावट का कोई जवाब नहीं है। ये बेजान पड़ी चीजों में एक नई जान डाल देते हैं। आप किसी भी पार्टी, कॉन्फ्रेंस या फिर मीटिंग में जाएँ, वहाँ आज केटरिंग के बाद सबसे ज्यादा ध्यान फूलों के डेकोरेशन पर ही दिया जाता है। सिर्फ यही नहीं, बल्कि वेलेंटाइन-डे हो या बर्थ-डे पार्टी या फिर विवाह जैसा कोई भी आयोजन, फूलों के गुलदस्ते लिये लोग हर जगह नजर आ जाएँगे। आजकल गिफ्ट देने का प्रचलन कम हो गया है। इसके बदले कहीं भी जाने पर फूलों का गुलदस्ता भेंट करना स्टेटस सिंबल बन गया है। फूलों की इसी माँग को देखते हुए घर की चारदीवारी में रहनेवाली महिलाएँ भी फूलों का व्यवसाय शुरू कर सकती हैं।

ट्रेनिंग—इस काम को करने के लिए किसी खास प्रशिक्षण की जरूरत नहीं है। आप ग्रेजुएट होनी चाहिए या कम-से-कम इंटरमीडिएट तक तो पढ़ी-लिखी होनी चाहिए, ताकि फूलों से संबंधित किसी भी पुस्तक से जानकारी हासिल कर सकें और अपना व्यवसाय बढ़ा सकें। इसके अलावा आप कुछ समय के लिए किसी फ्लोरिस्ट शॉप पर भी समय व्यतीत करें। इससे आपको यह पता चलेगा कि यह व्यवसाय कैसे किया जाता है, तथा फूलों की माँग ज्यादा होती है और किन की कम होती है तथा फूलों को कैसे रखा जाता है।

कच्चा माल—आप एक साथ फूलों को खरीद सकती हैं, इसके लिए आपको फूलों की मंडी के बारे में पता करना होगा। कोशिश करें कि फूल अपने घर के आसपासवाली मंडी से ही लें। इससे फूलों को लाने-ले जाने के लिए ट्रांसपोर्ट पर होनेवाले खर्च से बचा जा सकता है। फूलों की मंडी में जाकर सबसे

पहले आप मार्केट का सर्वे करें और देखें कि हर दुकान के रेट में कितना अंतर है। सभी दुकानों से रेट पता करके एक सही दुकान से सामान खरीदें।

पूँजी कितनी—इस रोजगार को शुरू करने के लिए खास पूँजी की आवश्यकता नहीं है। आप चाहें तो 10 हजार रुपए से भी यह व्यवसाय शुरू कर सकती हैं।

आमदनी—इसकी शुरुआत 4 से 5 हजार रुपए में की जा सकती है। इस पैसे का इस्तेमाल शुरू में फूल और बास्केट खरीदने के लिए किया जा सकता है। कृत्रिम फूलों के लिए आर्टिफिशियल फ्लॉवर, जैसे—रोज, जेबरा, कारनेशन, आर्किड, कलरफुल स्टिक, रिबन आदि जुटाएँ। ताजे फूलों के व्यवसाय में अगर उन्हें ढंग से रखा जाए और खराब न होने दिया जाए, तो मुनाफा 50 प्रतिशत तक होता है और आर्टिफिशल फ्लॉवर के व्यवसाय में यह मुनाफा 40 प्रतिशत के आस-पास होता है।

प्रचार कैसे करें

- कुछ पैंफलेट छपवाकर उनके जरिए लोगों तक जानकारी पहुँचाएँ कि आप किस तरह का काम कर रही हैं।
- पार्टी डेकोरेशन में रुचि रखती हैं और वह काम करने के लिए आपके पास वर्कर हैं तो इसकी जानकारी भी अपने पैंफलेट में अवश्य दें।
- इसमें फोन नंबर व घर का पता ठीक से लिखा हो।
- कुछ जान-पहचानवालों की दुकानों पर भी इसे रख सकती हैं।
- आप चाहें तो अपने अखबारवाले से बात कर लें, ताकि वे मैगजीन के बीच में रखकर आपके पैंफलेट भी बाँट दे।
- लोकल टीवी चैनल पर भी इसके स्टिप्स चलवा सकती हैं।
- किसी पड़ोसी के घर या रिश्तेदार के घर बर्थ-डे पार्टी या ऐसा कोई अवसर है तो अपनी तरफ से खुद का बनाया हुआ बुके उन्हें उपहार में दें। अगर उन्हें पसंद आया तो भविष्य में वे आपकी सेवाएँ जरूर लेंगे। इस तरह आपका प्रचार भी हो जाएगा।

फूलों की देखभाल कैसे करें

- वास का पानी रोज बदलें।
- ग्राहकों को बताएँ कि पानी में फूलों के नेचर के हिसाब से फ्लॉवर फूड मिला सकते हैं। दरअसल यह फूड फूलों की लाइफ को बढ़ाता है।

- रोज पानी बदलने के साथ स्टेम को आधा इंच काट दें।
- इससे फूल लंबे समय तक तरोताजा रहते हैं।
- तेज धार वाले चाकू से स्टेम काटें। साथ ही स्टेम को तिरछा काटें।
- वास को छाया में रखें। ऐसी जगह तो बिल्कुल भी न रखें, जहाँ सूरज की सीधी रोशनी पड़ती हो।
- फूलों को टीवी व फ्रीज जैसे इलेक्ट्रॉनिक आइटम के पास न रखें। इससे निकलनेवाली गरमी से फूलों में डिहाइड्रेशन की प्रक्रिया तेज हो जाती है और वे जल्दी मुरझा जाते हैं।
- अगर फूलों की पत्तियाँ पानी के नीचे आ रही हैं तो इन्हें हटा दें, क्योंकि ये पत्तियाँ माइक्रोबियल ग्रोथ को बढ़ावा देती हैं।

ध्यान दें

- विशेष मौकों पर ग्राहकों को छूट भी दें। आपके द्वारा दी गई थोड़ी सी छूट का असर इतना होगा कि विशेष अवसरों पर आपके घर के बाहर लोगों की लाइन लग जाएगी।
- बुकिंग के समय कम-से-कम 20 प्रतिशत एडवांस जरूर लें, क्योंकि कई बार बुकिंग कैंसिल भी हो जाती है।
- बुके की नई डिजाइन, नए आर्टिफिशल फूल, फ्लॉवर डेकोरेशन के नए तौर-तरीकों पर नजर रखने के लिए संबंधित पुस्तकें या इंटरनेट की साइट्स देखें।

□

फ्रीलांस राइटर

अगर आपको लिखने का शौक है तो आप इसके जरिए घर बैठे अपना यह शौक भी पूरा कर सकती हैं और इसे रोजगार का जरिया भी बना सकती हैं। खास बात यह है कि यह काम रोमांच से भरा है और नित-नई चुनौतियाँ तथा नए टॉपिक से भरा हुआ है। आपको कभी इस काम से बोरियत नहीं हो सकती; क्योंकि हर दिन आपको इसमें कुछ अलग लिखने को मिलेगा।

शुरुआत कैसे करें—इस काम की शुरुआत करने के लिए आप चाहें तो जर्नलिज्म का कोई कोर्स कर सकती हैं। उसमें पत्रकारिता की सभी बारीकियाँ और लेखन के बारे में विस्तार से पढ़ाया जाता है। आजकल इससे संबंधित कई पार्ट टाइम शॉर्ट कोर्सेज होती हैं। आप वह कर सकती हैं। अगर कोई भी कोर्स नहीं करना चाहतीं और आपको लगता है कि आपमें लिखने की काबिलियत है तो आप कभी भी इस काम को शुरू कर सकती हैं। सबसे पहले आप यह डिसाइड करें कि आप किस तरह की राइटिंग करना चाहती हैं। यह डिसाइड हो जाने के बाद आप इंटरनेट से सर्च करके अपने काम से संबंधित पब्लिकेशन हाउस या पत्र-पत्रिकाओं से संपर्क करके काम लें और फिर उस काम को पूरा करने के लिए अपनी एक समय-सारणी बनाइएँ और जुट जाइए उस काम को करने के लिए। आपको अपने लेख से संबंधित जो भी सूचना चाहिए, उसके लिए आप इंटरनेट का इस्तेमाल कर सकती हैं या फिर कोई इंटरव्यू करना हो, तो वह भी फोन पर या मिलकर कर सकती हैं। इस तरह आपका काम शुरू हो जाएगा।

क्या चाहिए—अपने घर का कोई सबसे शांत कमरा अपने काम के लिए चुनें। आपके पास एक कंप्यूटर भी होना चाहिए, ताकि आपको काम करने में आसानी हो। कंप्यूटर में अपने काम से संबंधित सॉफ्टवेयर भी डलवा लें। इसके अलावा आपको एक फोन की जरूरत है। अगर आपके पास ये सब सुविधाएँ हैं तो

आप आसानी से अपना काम शुरू कर सकती हैं। अगर आपके पास कंप्यूटर नहीं है, तो भी आप कागज-कलम का इस्तेमाल कर अपना काम शुरू कर सकती हैं।

किससे संपर्क करें—इस काम के लिए आपको विभिन्न पत्र-पत्रिकाओं और समाचार-पत्रों में जाकर बात करनी होगी और उन्हें बताना होगा कि आप लेखन का कार्य करती हैं तथा उनके संस्थान के अखबार या पत्रिका में भी लेख लिखना चाहती हैं। वहाँ से एक बार आपको काम मिलना शुरू हो जाए तो घर बैठकर ही आप फोन पर टॉपिक ले सकती हैं और पीडीएफ फाइल में अपना मैटर भेज सकती हैं। इसी तरह विभिन्न पब्लिकेशन हाउस में जाकर भी आप पुस्तकें लिखने के लिए बात कर सकती हैं। इस तरह आपको काम मिलना शुरू हो जाएगा। इस लाइन में काम की कमी नहीं है, बस लिखने के लिए आपके पास समय और इच्छाशक्ति होनी चाहिए।

पैसा कितना—इस काम के लिए आपको पैसे की नहीं, बल्कि दिमाग की जरूरत होती है। वैसे यह काम आप अपने घर से ही शुरू कर सकती हैं और आपको ज्यादा किसी चीज की जरूरत भी नहीं है।

कमाई—यहाँ होनेवाली कमाई आपके काम करने पर निर्भर करती है, आप जितना काम करेंगी, उतना ही अधिक कमाएँगी। वैसे आपको प्रति आर्टिकल के हिसाब से पैसे मिलेंगे और वह भी शब्दों के हिसाब से या फिर किस पेज पर छपा है, उसके हिसाब से। आर्टिकल के छप जाने के बाद आपको चेक के द्वारा अपना पेमेंट मिल जाएगा।

कोर्स कहाँ से करें

- सेंट जेवियर्स, मुंबई
- वाईएमसी, दिल्ली
- आईपी कॉलेज फॉर गर्ल्स, दिल्ली
- जर्नलिज्म ऑनर्स, दिल्ली यूनिवर्सिटी
- जय हिंद कॉलेज, मुंबई
- देवी अहिल्या विश्वविद्यालय, इंदौर
- केंद्रीय हिंदी संस्थान, आगरा

सीखते रहें

- भाषा के बारे में कौतूहल बनाए रखें।

- संप्रेषण के नए तरीके और नए शब्द सीखना बेहद जरूरी है।
- सामाजिक गतिविधियों के बारे में हमेशा अपडेट रहें।
- दूसरों का लिखा हमेशा पढ़ती रहें।
- सिर्फ आम लेख पढ़ना ही जरूरी नहीं है, बल्कि विचार प्रधान लेख पढ़ना भी जरूरी होता है। इससे आपके लेखन में नित-नए सुधार हो सकेंगे।
- धैर्य का होना भी जरूरी है।
- समय का पाबंद होना इस काम की पहली आवश्यकता है। अपना सब काम डेड लाइन से पहले पूरा करके भेज दें।
- मार्केट में आनेवाली नई पुस्तकों पर एक नजर जरूर डालें। इससे आपको पता चलेगा कि मार्केट में नया क्या चल रहा है।
- हर रोज अखबार पढ़ने को अपनी आदत में शुमार कर लें।

गुण

अपने लेखन को सहज करें—आप जो भी लिखना शुरू करें, उसे संकल्प के साथ लिखना शुरू करें। यदि आप एक दिन में एक ही बात लिखने का संकल्प करेंगी तो यह पाएँगी कि आप अपनी लेखन ऊर्जा को एक ही बिंदु पर केंद्रित कर रही हैं। इससे आपका मन भटकेगा नहीं और आपके लेखन में सुधार भी होगा। आप सहज, स्वाभाविक और शांतचित्त होकर लिख पाएँगी।

स्पष्ट लक्ष्य निर्धारित करें—यह गाना गाने की बजाय कि आज से मैं काम शुरू कर रहा हूँ, 'आज मैं इस चैप्टर पर काम करूँगा', 'आज मैं इस पर लेख लिखूँगा'—इस बात से यह सोचना ज्यादा बेहतर होगा कि आप क्या लिखना चाहते हैं! जो कुछ आप लिखना चाहते हैं, उसका स्पष्ट खाका अपने दिमाग में बनाएँ।

जरूरी बात पर ध्यान केंद्रित करें—किसी ऐसी बात को लिखने में अपनी ऊर्जा व्यर्थ न गँवाएँ, जिसे लिखने से कोई फर्क न पड़ता हो। यह सही है कि लेखन अच्छी कला है, लेकिन इसमें बुद्धिमत्तापूर्ण तरीके से अपना मूल्यवान् समय देना चाहिए। अतः वही बात लिखने में अपनी शक्ति लगाएँ, जिसे लिखने से पाठक पर कुछ प्रभाव पड़ता हो, जिस पर लोगों का ध्यान जाए। चाहे वह किसी पत्रिका में छपने वाला लेख हो या फिर कोई उपन्यास। यदि आप सीमित मात्रा में लिखते हैं तो यह सुझाव आपके लिए उपयोगी होगा।

समय-प्रबंधन करें—आप यह काम घर से कर रही हैं, इसलिए अपनी

घरेलू जिम्मेदारियों को आप नजरअंदाज नहीं कर सकती हैं। इसलिए यह जरूरी है कि अपने घरेलू कामकाज और लिखने के समय के बीच समय-प्रबंधन कर लें। इस बात से कोई फर्क नहीं पड़ता कि आप दिन में लिखती हैं या रात में। बस जरूरी यह है कि आप अपने लेखन को अपना फ्री समय दें, ताकि आप बिना किसी परेशानी के लिख सकें। अपने घरेलू कामकाज के बाद कोई एक प्रहर तय कर लें, जब आपके और लेखन के बीच कोई व्यवधान न आए।

एकाग्रचित्त होकर लिखें—जब आप लिख रही हों, तो अपना ध्यान सिर्फ लेखन में लगाएँ। आपके आस-पास क्या हो रहा है, यह आप भूल जाएँ। सभी व्यवधानों को हटाकर लेखन कार्य में डूब जाएँ। एक बार आप स्वयं को यहाँ-वहाँ के भटकाव से हटाकर एकाग्रचित्त होकर लेखन कार्य में लगा लेने की अभ्यस्त हो जाएँगी तो आपका लेखन प्रखर हो जाएगा।

अपनी प्रशंसा स्वयं करें—अगर आपने कोई अच्छा लेख लिखा है, जिसे लिखकर आपके मन को आत्म-संतुष्टि मिली हो और बाकी लोगों के द्वारा भी उसे सराहा गया हो, तो आप खुद गर्व महसूस कर सकती हैं। ऐसा करने पर आपका आत्मविश्वास बढ़ेगा और लेखन में भी पहले से अधिक सुधार होगा।

अपने लेखन की समालोचना करें—लेख लिखते समय आपको क्या-क्या कठिनाई आई, आपने उनका सामना कैसे किया, आपने उनसे क्या सीखा, अगली बार लेख लिखते समय आप उनको कैसे सुलझाएँगी। ये बातें आपको परिपक्व लेखक बनाएँगी और क्रमशः आप लेखन में खुद को डुबाने तथा इसमें सिद्धहस्त होने का आनंद उठा सकेंगी।

कल की तैयारी करें—आपको अगले दिन क्या कार्य करना है, कैसे करना है, उसके प्वाइंट और रूपरेखा पहले ही तैयार कर लें, ताकि अगले दिन सुबह से ही आप अपने काम में जुट जाएँ तथा इन चीजों को सोचने में आपका कीमती वक्त बरबाद न हो।

नकल न करें—आपके लेख से संबंधित अगर कहीं कोई जानकारी आपको मिलती है तो आप उसे पढ़ सकती हैं, लेकिन उसे कॉपी करने की कोशिश न करें; क्योंकि अगर आपने ऐसा किया तो आप पकड़ी भले ही न जाएँ, लेकिन आपकी सीखने की प्रवृत्ति इससे कम होगी और आप अपने काम में पिछड़ती जाएँगी, साथ ही मार्केट में आपकी गुडविल भी खराब होगी।

बुक पब्लिश कैसे करवाएँ

- बुक लिखने का काम दो तरह से होता है। या तो आप पब्लिशर्स के पास जाकर उनसे ही टॉपिक ले आएँ या फिर खुद ही कोई पुस्तक लिखकर पब्लिशर्स के पास जाकर अपनी बुक छपवाने के लिए बात कर सकती हैं। आमतौर पर पब्लिशिंग हाउसवाले लेखक से पहले सिनॉप्सिस और सैंपल चैप्टर की माँग करते हैं तथा इन्हें अपने पैनल से रिव्यू के लिए भेजते हैं। इसके बाद ही पुस्तक को छापने और रेट तय करने का सिलसिला शुरू होता है।

बुक पब्लिश कराने से पहले ध्यान देने योग्य बातें

- अपनी पुस्तक के बारे में पब्लिशर्स से बात करने से पहले एक बात का ध्यान रखें कि अपनी सिनॉप्सिस और सैंपल चैप्टर अच्छा लिखें, क्योंकि यही लेखक का फर्स्ट इंप्रेशन है और यही बताता है कि वह कितना ऑर्गेनाइज्ड है।
- पुस्तक छपने देने से पहले अपने हकों के बारे में किसी जानकार व्यक्ति से जान- समझ लें, इसके बाद ही आगे की प्रक्रिया करें।
- आप अपनी पुस्तक छपवाने के लिए केवल एक प्रकाशक से ही संपर्क न करें, बल्कि एक साथ कई प्रकाशकों से बात करें, जो आपको सबसे अच्छी डील दे रहा हो, उससे बात तय कर लें और बाकी प्रकाशकों को इसके बारे में सूचित कर दें।
- प्रकाशक आपको एक बार में ही कुछ हजार रुपए देकर आपसे बुक के सारे अधिकार खरीदने का ऑफर भी देगा, लेकिन आप इस तरह के किसी भी ऑफर में न फँसें; क्योंकि हो सकता है कि आपकी पहली बुक ही लाखों की कमाई करे और आपके हाथ बस कुछ हजार रुपए ही आएँ तथा पब्लिशिंग हाउस की चाँदी हो जाए।
- आप चाहें तो पुस्तक रॉयल्टी पर लिख सकती हैं। लेकिन ऐसा करने से पहले अच्छी तरह मोल-भाव कर लें और साथ ही कॉन्ट्रैक्ट में लिखी उनकी शर्तों पर अच्छी तरह विचार कर लें। उसके बाद ही तय करें कि आपको क्या करना है।
- कोई प्रकाशक कितनी पुस्तक छाप रहा है, यह जानना मुश्किल है, लेकिन यह काम भरोसे पर ही टिका है।

- छपने के लिए भेजी गई पुस्तक की एक कॉपी अपने पास भी जरूर रखें।

बुक पब्लिश से होनेवाली कमाई

- कोई भी पुस्तक छपवाने पर दो तरीके से पेमेंट होता है—एक तो आपको एक ही बार में एकमुश्त पैसा मिल जाएगा और आपकी पुस्तक के सारे अधिकार प्रकाशक के पास चले जाएँगे। इसके अलावा आप चाहें तो अपनी पुस्तक की रॉयल्टी ले सकती हैं। 10 से 15 फीसदी तक रॉयल्टी लेखकों को मिल सकती है।

हिंदी के कुछ बड़े प्रकाशन हाउस

- प्रभात प्रकाशन, 4/19, आसफ अली रोड, नई दिल्ली।
- राजपाल ऐंड संस, 1590 मदरसा रोड, कश्मीरी गेट, दिल्ली
- वाणी प्रकाशन, 4695।21 ए, दयानंद मार्ग, दरियागंज, नई दिल्ली
- राजकमल प्रकाशन, 1 बी, नेताजी सुभाष मार्ग, दरियागंज, नई दिल्ली
- हिंद पॉकेट बुक्स, नई दिल्ली
- पुस्तक महल, नई दिल्ली

□

गिफ्ट पैकेजिंग

कहते हैं, कला की कोई सीमा नहीं होती है। उसकी परिधि बहुत फैली हुई होती है। कला की बारीकियाँ, चटख सुंदर रंग, खूबसूरत आकृतियाँ, कुछ नया हॉट ट्रेंड, तो कुछ दादी-नानी से समेटे हुए अनुभव, इन सभी का मिला-जुला संसार है गिफ्ट पैकेजिंग का। गिफ्ट पैकिंग एक ऐसा स्वरोजगार है, जिसे करने के बाद महिलाएँ अपना भविष्य बेहतर बना सकती हैं।

आज जब हाथ से बने काम का जादू सर चढ़कर बोल रहा है, कलात्मकता और स्टाइल़ के ख़ूबसूरत मेल से हाथ से बने सुंदर फूल, पत्तियों, आइस्क्रीम स्टीक्स, गोटा, किनारी, लटकते घुँघरुओं से सजाई पैकिंग अपनी अलग छाप छोड़ती हैं।

संभ्रांत वर्ग के लोग त्योहारों और उत्सवों पर अपने खास मेहमानों को गिफ्ट देना पसंद करते हैं। इन लोगों का खुशियों को सेलिब्रेट करने का यही सबसे बढ़िया तरीका है। आजकल लोग खुद गिफ्ट पैक नहीं करते, बल्कि किसी गिफ्ट पैकर को गिफ्ट पैक करने के लिए देते हैं। कोच्चि, हैदराबाद, चेन्नई तथा बेंगलुरू में कई ऐसी कंपनियाँ हैं, जो गिफ्ट के व्यापार में करोड़ों रुपए कमा रही हैं। पैकिंग के लिए ये कंपनियाँ प्रति पैकेट 300 से 2500 रुपए तक लेती हैं।

गिफ्ट पैकेजिंग को आज एक अच्छे व्यवसाय के रूप में घर बैठी महिलाएँ अपना सकती हैं, ज़िससे उन्हें एक ओर जॉब सेटिस्फेक्शन मिलता है तो साथ ही कम लागत पर घर बैठे आमदनी का जरिया भी मिल जाता है।

पूँजी कितनी—यह काम घर बैठी महिलाएँ बेहद छोटी रकम से शुरू कर सकती हैं। यह काम 5 से 10 हजार रुपए से भी शुरू किया जा सकता है और ऑर्डर मिलने तथा कामं बढ़ने के साथ यह रकम लाख-दो लाख तक भी जा सकती है। जैसे-जैसे आपके पास ऑर्डर आने लगें, तो आप कमाए गए पैसों को

ही इस बिजनेस में लगाकर ज्यादा अच्छा माल और डिफरेंट वैराइटी के पैकिंग के सामान लगाकर अपना बिजनेस बढ़ा सकती हैं।

बेसिक ट्रेनिंग—अगर आप इस व्यवसाय को शुरू करने में संकोच कर रही हैं तो चार सप्ताह की हॉबी क्लास ले सकती हैं। इस हॉबी क्लास में गिफ्ट पैकिंग से संबंधित तमाम तरह की पुख्ता जानकारी दी जाती है। यह हॉबी कोर्स ईवेंट मैनेजमेंट का एक हिस्सा है। जब आप यह हॉबी कोर्स कर लेंगी तों आपमें खुद ही आत्मविश्वास पैदा होगा और इस बिजनेस को अच्छी तरह से शुरू कर सकेंगी। इसके अलावा शुरुआती ट्रेनिंग के लिए अपनी जरूरत और काम की लागत के अनुरूप, यानी इसे छोटे स्केल पर शुरू करना चाहती हैं या लार्ज स्केल पर, दो महीने से लेकर छह महीने तक की ट्रेनिंग ली जा सकती है। इसके लिए महिलाएँ चाहें तो केवल पैकेजिंग में ही महारत हासिल कर सकती हैं या फिर आर्ट ऐंड क्राफ्ट का समूचा कोर्स कर सकती हैं, जो पैकेजिंग में काफी लाभदायक सिद्ध हो सकता है। इस क्षेत्र में शुरुआती ट्रेनिंग से भी ज्यादा खुद की क्रिएटिविटी का होना बहुत जरूरी है।

रॉ मैटीरियल—गिफ्ट पैकेजिंग के काम के लिए रॉ मैटीरियल में डेकोरेटिव मैटीरियल, जैसे टीशू की फूल-पत्तियाँ, गोटा किनारी, मिरर, वेलवेट, शंख सीपियाँ, बेल्स, घुँघरू, आदि चीजें जरूरी हैं। कच्चा माल आपके पास जितना अच्छा होगा, उतना ही अच्छी आपकी पैकिंग होगी।

मार्केट कहाँ है—इसके बड़े बाजारों में कोलकता और जयपुर का नाम सबसे पहले आता है। वैसे दिल्ली में पुरानी दिल्ली स्थित किनारी बाजार से आप यह सारा सामान थोक रेट पर भी ले सकती हैं। वैसे आप जहाँ भी रहती हों, वहाँ अपने आस-पास के थोक के डीलरों का पता करें और उनके जरिए कच्चा माल थोक पर लें तथा उनसे कहें कि जो भी कुछ नया और अच्छा माल आए तो वे आपको जानकारी दें, ताकि आप नई-नई चीजें खरीद सकें।

मार्केट रिसर्च—अपने व्यवसाय को बढ़ाने और इस फील्ड में अपनी छाप छोड़ने के लिए आपको बाजार की नब्ज भी पकड़नी होगी। बाजार में कच्चे माल में भी कई रेंज आती हैं। कस्टमर्स के बदलते टेस्ट और नई डिमांड के अनुरूप अपडेट रहना चाहिए। हमेशा नई-नई चीजों को ट्राई करें तथा कुछ नया और अलग करने की कोशिश करें, ताकि ज्यादा-से-ज्यादा लोग आपके इस व्यवसाय की तरफ आकर्षित हो सकें।

प्रचार कैसे करें

- सबसे पहले अपने दोस्तों, रिश्तेदारों, पड़ोसियों को उनके गिफ्ट पैक करने में मदद करें और उन्हें अपना हुनर दिखाएँ।
- पैंफलेट्स और होर्डिंग्स के जरिए आप अपने काम के बारे में ज्यादा-से-ज्यादा जानकारी लोगों तक पहुँचा सकती हैं।
- इसके अलावा क्लब, बैंक्वेट हॉल्स, होटल्स आदि में लगनेवाले मेलों में स्टॉल लगाकर भी अपना काम लोगों को दिखा सकती हैं, हो सकता है कि वहीं से आपको कुछ ऑर्डर भी मिल जाएँ।
- आप चाहें तो कुछ साड़ी के शोरूम में जाकर बात कर लें। उनके पास शादी वगैरह की साड़ी की पैकिंग के बड़े ऑर्डर आते हैं। आप उनके साथ जुड़कर काम करें तो अच्छा बिजनेस हो सकता है।
- अपने आस-पास के अच्छे बुटीक शोरूम से कॉन्टैक्ट करके भी आप ऑर्डर पा सकती हैं।
- शादी-ब्याह या रिसेप्शन के लिए पैकिंग के ऑर्डर मिल सकते हैं।
- अगर आपने आर्ट व क्राफ्ट्स में भी कुछ किया हुआ है तो आपको रामलीला महोत्सव जैसे आयोजनों के ऑर्डर भी मिल सकते हैं।

पैसा कितना—जिस तरह से लोग मॉडर्न हो रहे हैं और अपना हर काम सलीके से करना चाहते हैं, उसे देखकर अंदाजा लगाया जा सकता है कि पैकेजिंग की बढ़ती डिमांड के कारण यह व्यवसाय खूब फलेगा-फूलेगा। आपके काम की खूबसूरती, नयापन और क्रिएटिविटी के हिसाब से आपको दो-तीन ऑर्डर पर पाँच से दस हजार रुपए भी मिल सकते हैं। अब यह आप पर निर्भर करता है कि आप महीने में कितने ऑर्डर ला सकती हैं। वैसे चॉकलेट्स, स्वीट्स, ड्राईफ्रूट्स, बैंगल्स, ज्वैलरी, कॉस्मेटिक, टॉयज आदि सभी की पैकिंग के अलग-अलग रेट होते हैं। पैसों का तय होना इस पर भी निर्भर करता है कि आप पैकिंग में किस तरह का मैटेरियल इस्तेमाल कर रही हैं।

थीम पैकिंग—पैकेजिंग का लेटेस्ट ट्रेंड थीम पैकेजिंग है, यानी जो भी सामान पैक करें, उसकी थीम के अनुसार पैकिंग करें। जैसे मैरिज थीम, टेक्सचर थीम, कलर थीम, बर्थ-डे थीम, डिजनीलैंड थीम आदि। पैकिंग करते समय ध्यान देना होता है कि जो थीम है, उसी के अनुसार मैटिरियल यूज करें। जैसे कि यदि बर्थ-डे थीम है तो बच्चों की बर्थ-डे पार्टी से जुड़े पैकिंग पेपर होने चाहिए, आदि।

ध्यान देने योग्य बातें

- कोई भी काम करें तो उसमें टालमटोल न अपनाएँ, बल्कि आपके हाथ में सफाई होनी चाहिए और काम सफाई से होना चाहिए। तभी एक ग्राहक आपके पास बार-बार आएगा।
- आप अपना व्यवसाय तभी सही तरीके से कर सकती हैं, जब आपमें थोड़ी बचत करने की प्रवृत्ति भी हो। गिफ्ट पेपर वगैरह को इस तरह काटें कि थोड़ी सी पैकिंग के लिए पूरा पेपर बेकार न हो, बल्कि उसका इस्तेमाल आप और जगह भी कर सकें।
- यह काम क्योंकि आपको घर-परिवार की जिम्मेदारियों को निभाने के साथ-साथ करना है, इसलिए परिवार के सभी सदस्यों की इच्छा का ख्याल रखकर और उन्हें विश्वास में लेकर ही कार्य प्रारंभ करें, ताकि जरूरत पड़ने पर उनका सहयोग भी ले सकें।
- पैकिंग तो कोई भी कर सकता है, लेकिन आपको अपनी पैकिंग में डिजाइनर टच लाना है, जो आपको दूसरों से खास बनाता है।
- मार्केट की समझ व उसपर आपकी पकड़ होनी चाहिए, ताकि नई जानकारियों और नए ट्रेंड से जुड़ी रहें।
- आपकी बोलचाल व व्यवहार भी ऐसा होना चाहिए कि जो एक बार आपसे पैकिंग कराने आए, वह दोबारा जरूर आए, क्योंकि इसी तरह तो आपके परमानेंट कस्टमर बनेंगे।

इंस्टीट्यूट ऑफ गिफ्ट पैकेजिंग

- 'इंडियन इंस्टीट्यूट ऑफ एक्सपोर्ट मैनेजमेंट', पोस्ट बॉक्स न. 7531 बेंगलूरु-5600751
- 'इवेंट मैनेजमेंट इंस्टीट्यूट ऐंड गिफ्ट पैकिंग', नई दिल्ली
- 'इंस्टीट्यूट ऑफ मैनेजमेंट स्टडीज', बांद्रा, मुंबई
- 'नीतूश हॉबी क्लास ऑफ गिफ्ट पैकिंग', मुंबई
- 'इवेंट मैनेजमेंट ऐंड गिफ्ट पैकिंग इंस्टीट्यूट', पंचकूला, हरियाणा।

□

भगवान् के वस्त्र

अगर आपको अपने घर का मंदिर सजाने के साथ-साथ भगवान् के वस्त्र सिलने का भी शौक है, तो आप अपने इस शौक को कमाई का जरिया भी बना सकती हैं। इससे एक तो आपको भगवान् का आशीर्वाद मिलेगा, दूसरे आपके हाथ चार पैसे भी आएँगे, वह भी घर बैठे-बैठे। सावन, जन्माष्टमी, नवरात्र, कार्तिक और माघ इन चार महीनों में भगवान् के वस्त्रों की माँग बहुत बढ़ जाती है, इसलिए इन दिनों में अपना काम शुरू करें और इसके लिए तैयारी पहले से आरंभ कर दें।

ट्रेनिंग—भगवान् के वस्त्र सिलने के लिए किसी भी वोकेशनल इंस्टीट्यूट से कटिंग-टेलरिंग की ट्रेनिंग लेना जरूरी होता है। आप चाहें तो सिलाई का काम घर पर ही अपनी माँ, दादी से सीख सकती हैं या घर के पास के किसी बुटीक या टेलर से भी यह काम सीख सकती हैं।

जगह कितनी—यह काम शुरू करने के लिए आपको बहुत अधिक जगह की जरूरत नहीं है। आप चाहें तो यह काम अपने घर के किसी भी एक कमरे से शुरू कर सकती हैं।

कच्चा माल—सिलाई से संबंधित सारा सामान और कपड़ा एक बार ही थोक में खरीदकर अपने पास इकट्ठा कर लें। कढ़ाईदार कपड़े, शनील, कार्डराय, बुकरम, गोटा, रील, सूई, अलग तरह के कढ़ाई करने के धागे, सजावट के लिए कुछ छोटे फूल, शीशे, किनारी, लेस आदि सभी सामान आप सदर बाजार या चाँदनी चौक के बाजार से खरीद सकती हैं।

कैसे करें—नया काम शुरू करने के लिए आप पहले भगवान्जी के कुछ रेडीमेड सिले हुए वस्त्रों को उधेड़कर देखें कि उन्हें किस तरह सिला गया है। वस्त्र किस तरह से सिला गया है, यह समझ में आ जाने के बाद अपना कोई डिजाइन सोच लें और फिर उसी तरह कपड़े की कटिंग आदि का काम करें। उसके बाद

कपड़े के रंग से मेल खाती हुई गोटा, लेस आदि का चयन करें। फिर उसे कपड़े पर लगाकर देखिए की कौन सा गोटा अधिक फब रहा है! गोटे का चयन करने के बाद कपड़े को डिजाइन डालकर सिलना आरंभ करें।

सेल कैसे करें—सबसे पहले तो आप अपनी सोसाइटी के मंदिर के पुजारीजी से बात करके और उनसे कहें कि इस बार आनेवाले त्योहार के अवसर पर आप भगवान्जी के वस्त्र सिलना चाहती हैं और इसके बाद अगर उन्हें पसंद आया तो वे बार-बार आपसे ही वस्त्र लेने की फरमाइश करेंगे। मंदिर में आनेवाले लोगों को भी पता चलेगा कि आपने वस्त्र सिले हैं और अगर उन्हें आपका काम पसंद आया तो वे भी आपको ऑर्डर दे सकते हैं। आप चाहें तो मंदिर में एक नोटिस भी लगा सकती हैं कि आपने वस्त्र सिलने का काम शुरू किया है और लोग आपको सेवा का मौका दें साथ ही यह भी बता दें कि भगवान्जी ने अभी जो वस्त्र पहने हुए हैं, वे आपने ही सिले हैं। इस तरह और भी मंदिर के पुजारियों तथा पूजन सामग्री बेचनेवाले दुकानदारों से अपने वस्त्र सेल करने की बात करें। अगर किसी महिला के घर कीर्तन हो रहा है तो वहाँ पर इन वस्त्रों का छोटा सा स्टॉल लगाकर भी इनकी बिक्री की जा सकती है। इसके अलावा त्योहारों के अवसर पर अपने लोकल मार्केट में भी आप एक छोटा सा स्टॉल लगा सकती हैं।

आमदनी—कमाई कितनी होगी, यह आपके पास आनेवाले काम पर निर्भर करता है। आप चाहें तो घर बैठे आसानी से 4 से 5 हजार रुपए महीना कमा सकती हैं। त्योहारों के दिनों में जब माँग ज्यादा बढ़ जाती है, तब आप इसका दोगुना और तिगुना भी कमा सकती हैं।

ध्यान दें

- समय-समय पर मार्केट सर्च करके यह भी पता लगाती रहें कि कौन सा कपड़ा आजकल फैशन में है। आप भी वही कपड़ा खरीद लें, ताकि आप किसी से पीछे न रहें। इसकी जानकारी हासिल करने के लिए आप मथुरा, वृंदावन जैसे धार्मिक नगरों में भी कभी-कभार जाकर देख सकती हैं कि वहाँ क्या नया चल रहा है। इससे आपको काफी जानकारी मिलेगी।
- नए-नए डिजाइंस के बारे में भी इंटरनेट पर सर्च करती रहें और मार्केट में जाकर जानकारी लेती रहें कि आजकल लेटेस्ट क्या चल रहा है।
- अपना कम्युनिकेशन स्किल अच्छा बनाएँ और मिलने-जुलनेवाले सभी लोगों को अपने काम के बारे में बताएँ तथा इनका इस्तेमाल करने के लिए कहें।

- सभी कपड़ों की कटिंग एक साथ न करें, वरना वे एक-दूसरे में मिल जाएँगे और सिलने पर पता चलेगा कि कोई कपड़ा किसी के साथ जुड़ गया है।
- वस्त्र सिलते समय इस बात का भी ध्यान रखें कि किस डिजाइन के लिए कौन सा कपड़ा इस्तेमाल में लाया जाना चाहिए।
- आप जो भी काम करें, वह बहुत ही सावधानी और सफाई से किया जाना चाहिए।

□

हर्बल ब्यूटी प्रोडक्ट्स

आज भी जमाना चाहे कितना भी आगे निकल गया हो, कितने भी महँगे से महँगे ब्यूटी प्रोडक्ट बाजार में आ गए हों, लेकिन आज भी जो बात घर के बने ब्यूटी प्रोडक्ट में है, वह किसी और में नहीं। इसलिए आज भी महिलाएँ हर्बल पैक खरीदती हैं। इसलिए अगर आप इसका शौक रखती हों तो क्यों न इसे अपना प्रोफेशन बनाने के साथ-साथ कमाई का जरिया भी बना लें!

प्रोडक्ट कैसे-कैसे—आप कई तरह के ब्यूटी प्रोडक्ट्स बना सकती हैं, जैसे कि एंटी पिंपल पैक, दाल का ग्लो पैक, पैक रोज, हर्बल फेस पैक चंदन, हर्बल फेस पैक ऑरेंज, हर्बल फेस पैक लेमन, फ्रूट फेस पैक, एंटी रिंकल फेस पैक, स्पेशल ब्राइडल उबटन, हर्बल हेयर ऑयल, स्पेशल पैक फॉर पिगमेंटेशन आदि। इसके अलावा और भी कई तरह के उबटन, फेस पैक, हेयर पैक व बॉडी ऑयल बनाए जा सकते हैं।

खर्चा कितना—इस काम की शुरुआत 2000 रुपए से भी की जा सकती है, जिसमें प्रोडक्ट की सामग्री से लेकर स्टिकर जैसी छोटी-छोटी चीजें खरीदना भी शामिल है।

आमदनी— आपकी कमाई आपके काम करने के तरीके और मिलने वाले ऑर्डर पर निर्भर करती है। वैसे आप कम-से-कम 5,000 से 10,000 रुपए तो कमा ही सकती हैं, बाकी आपके काम पर निर्भर करता है।

कच्चा माल—किसी भी प्रोडक्ट को बनाने के लिए कच्चा माल आप अपने शहर के थोक बाजार से खरीदें। दिल्ली में यह बाजार खारी बावली के नाम से मशहूर है। खास जड़ी बूटियाँ, ब्राह्मी, एलोवेरा, श्यामा तुलसी आदि के लिए बाजार में पता करें। लखनऊ के 'एस्टोलॉजिकल रिसर्च सेंटर' में खास जड़ी-बूटियाँ उगाई जाती हैं। लखनऊ के बाजार में भी आप जड़ी-बूटियों की पुरानी

दुकानों से संपर्क कर सकती हैं।

कच्चा माल कौन सा है—शिकाकाई, आँवला, बालझड़, मेथी, चंदन, मसूर दाल जैसी लाभकारी वस्तुएँ हेयर केयर के प्रोडक्ट बनाने के काम आती हैं।

कैसे बेचें—किसी भी नए प्रोडक्ट के बारे में महिलाओं को विश्वास दिलाना बहुत मुश्किल है, इसलिए अच्छा तो यह है कि अपने घर में एक दिन अपने आस-पास की मिलने-जुलनेवाली महिलाओं को बुलाएँ और उन्हें किसी एक प्रोडक्ट को बनाने का डेमो पेश करें। महिलाओं के सामने किसी प्रोडक्ट को बनाएँ और उन्हें विश्वास दिलाएँ कि इसमें किसी भी तरह की मिलावट नहीं करतीं और इन चीजों को बनाने में अच्छी कंपनी का सामान इस्तेमाल करती हैं। उसके बाद उन्हें एक-एक पाउच फ्री में दें। अगर वाकई आपके प्रोडक्ट में दम है तो वे दोबारा जरूर लेने आएँगी और अबकी बार वे अकेली नहीं होंगी, बल्कि इस बार उनके साथ उनकी कई और भी सहेलियाँ होंगी। आप चाहें तो कॉलेज़, हाई स्कूल, छोटे ब्यूटी पार्लर और गर्ल्स हॉस्टल जैसी जगहों पर भी अपना सामान बेच सकती हैं। अपने आस-पास के क्षेत्र में डोर-टू-डोर जाकर भी अपना प्रोडक्ट बेच सकती हैं या फिर लोगों को अपने घर बुलाकर अपने प्रोडक्ट से परिचित करा सकती हैं।

ध्यान देने योग्य बातें

- घर में बने ये उत्पाद 6 माह बाद खराब हो जाते हैं, इसलिए कोशिश करें कि बहुत ज्यादा बनाकर न रख दें, बल्कि जो सामान ऑर्डर का है, वही बनाएँ।
- इस्तेमाल में लाते समय इन प्रोडक्ट्स में गीला चम्मच न लगाएँ, वरना इनके खराब होने का डर बना रहता है।
- सीलनवाली जगह पर रखने से इनके खराब होने का डर बना रहता है।
- किसी भी प्रोडक्ट को बनाते समय साफ-सफाई का विशेष ध्यान रखें, क्योंकि यही मार्केट में आपकी गुडविल बनाएँगी।
- प्रोडक्ट को बनाते समय आपको सही मात्रा का पता होना चाहिए, क्योंकि अगर किसी भी चीज की मात्रा जरूरत से ज्यादा हो गई तो यह स्किन के लिए काफी हानिकारक भी हो सकती है। इसलिए जो भी काम करें, पूरी फुरसत और सावधानी के साथ करें।

□

बुटीक खोलें

एक गृहिणी के जीवन में अपनी घर-गृहस्थी को सँभालते-सँभालते एक वक्त ऐसा आता है, जब वह घर-परिवार से आगे अपना एक आयाम तलाश करना चाहती है और उसके लिए घर से ही व्यवसाय करना एक अच्छा विकल्प है। उसके लिए बुटीक चलाना एक ऐसा काम है, जिसे शायद हर महिला बखूबी कर सकती है; क्योंकि कपड़ों का शौक लगभग हर महिला को होता है और दूसरों को सजाते-सँवारते हुए उन्हें अपने भविष्य को सँवारने का भी एक सुनहरा मौका मिल जाता है।

कैसे करें शुरुआत—यह व्यवसाय शुरू करने के लिए आप एक सिलाई मशीन, एक कारीगर, कुछ कच्चे माल, जैसे धागे, बटन आदि का इस्तेमाल कर अपना बुटीक खोल सकती हैं।

काम करने का ढंग—यह आप पर निर्भर करता है कि आप सिर्फ लेडीज ड्रेसेस तक खुद को सीमित रखना चाहती हैं या फिर बच्चों के कपड़े, पुरुषों की शेरवानी, पैंट्स आदि तक अपना व्यवसाय फैलाना चाहती हैं। वैसे शुरू-शुरू में तो लेडीज कपड़ों से शुरुआत करें तो अच्छा रहेगा, क्योंकि लेडीज कपड़ों की समझ आपको ज्यादा होगी।

बुटीक को बनाएँ अट्रैक्टिव—काम को चाहे शौकिया तौर पर शुरू करें या फिर जरूरत के लिए, काम करने का मजा तभी है, जब उसे एक अलग पहचान मिले और उसके लिए आपको अपने बुटीक को औरों से हटकर कुछ अलग खास बनाना होगा। बुटीक को सजाने के लिए उसकी दीवारों पर कुछ फैशन डिजाइनरों की फोटो या फिर उनकी कुछ खूबसूरत ड्रेसेज लगा दें, उन्हें देख लोगों को लगेगा कि आपको फैशन जगत् के बारे में अच्छी नॉलेज है और अगर नॉलेज न भी हो तो, आपको वह लेनी भी चाहिए। इसके अलावा अपने ग्राहकों को अधिक-से-अधिक सुविधाएँ देने की कोशिश करें। कपड़े पर इंब्रॉइडरी वर्क, बाटीक प्रिंट,

दबका वर्क, टाई ऐंड डाई जैसे काम करवाना भी शामिल करें। हो सके तो एक दुपट्टा रँगनेवाले व्यक्ति से संपर्क कर लें, ताकि वह बीच-बीच में खुद ही आकर आपसे काम ले जाए। सूट सिलने देने आनेवाले को अपने यहाँ से दुपट्टा कलर करवाने की सुविधा भी दें, ताकि इसके लिए उन्हें बाहर भटकना न पड़े। बुटीक में कपड़े एक के ऊपर एक भरे हुए नहीं होने चाहिए, बल्कि कायदे से रेक्स में लगे होने चाहिए। बुटीक को साफ-सुथरा रखें। चारों ओर कपड़ों की कटिंग नहीं बिखरी होनी चाहिए।

कीमत कैसे तय करें—अपने काम की कीमत तय करने से पहले यह जान लेना जरूरी है कि आपने वह ड्रेस तैयार करने में खुद कितना खर्च किया है। जैसे कि कपड़ा, डिजाइनिंग, धुलाई, रँगाई, इंब्रॉइडरी, प्रेस पर आनेवाला खर्च, धागा, बटन, बीट्स, लटकन आदि। ऊपरी खर्चे, जैसे बिजली, फोन, कर्मचारियों का वेतन आदि। इनमें अपना लाभ जोड़कर ही काम की कीमत तय की जाती है। यदि आप बहुत छोटे स्तर पर अपना बुटीक शुरू कर रही हैं तो भी यह लाभांश 20 प्रतिशत तो होगा ही, फिर धीरे-धीरे बढ़कर शत-प्रतिशत हो सकता है।

जगह कितनी—बुटीक खोलने के लिए आपको बहुत ज्यादा जगह की जरूरत नहीं है। अपने घर के ही किसी कमरे को अपना बुटीक बना लें। कमरा वही चुनें, जिसमें अलमारी और कुछ रैक्स वगैरह हों, ताकि आप लोगों के जो कपड़े सिलने के लिए ले रही हैं, उन्हें सँभालकर रख सकें। उस कमरे में सिलाई मशीन, अपने लिए एक टेबल चेयर का प्रबंध भी कर लें। कमरा थोड़ा खुला और हवादार भी हो तो अच्छा रहेगा, क्योंकि मशीन आदि का काम अँधेरेवाले कमरे में करने से परेशानी होती है। आप चाहें तो अपने टाइम पास और मनोरंजन के लिए एक म्यूजिक सिस्टम भी लगवा सकती हैं।

नए ट्रेंड की जानकारी रखें—समय के साथ चलने और नए-नए स्टाइल की जानकारी तथा ट्रेंड्स को फॉलो करने के लिए यह जरूरी है कि आप मार्केट में आनेवाली कई तरह की फैशन मैगजीन पढ़ें । इनमें फैशन वीक के दौरान आनेवाले डिजाइन व अन्य फैशन डिजाइनरों के कलेक्शन को समय-समय पर पेश किया जाता है। इसके अलावा अगर आपके शहर में भी कोई फैशन शो हो रहा है, तो कोशिश करें कि उसे देखने जाएँ। मार्केट और शॉपिंग मॉल्स में जाकर सर्वे भी कर सकती हैं। अगर आप नई-नई चीजों की जानकारी रखेंगी तो आपके लेटेस्ट डिजाइन को देखकर कस्टमर एक बार आपके पास आने के बाद बार-बार आना चाहेगा और फिर उसे आपका परमानेंट ग्राहक बनने में देर नहीं लगेगी।

कारीगर से काम कराना है तो ध्यान दें

- आपको अपने कारीगर से जिस तरह का काम करवाना है, सबसे पहले तो मार्केट में जाकर ऐसे कारीगरों को ढूँढ़ना पड़ता है कि कहाँ-कहाँ ऐसे कारीगर मिल सकते हैं।
- इन कारीगरों के रेट्स अलग-अलग होते हैं, इसलिए पहले मार्केट सर्वे करते हुए सभी कारीगरों के रेट पता करें और कोशिश करें कि जिस रेट पर आप काम करवाना चाहती हैं, उसी रेट पर कोई अच्छा कारीगर ढूँढ़ निकालें।
- कारीगर के हाथ में सफाई, बारीकी और कुशलता का होना भी बहुत जरूरी है, तभी आप ग्राहकों को आकर्षित कर पाएँगी।
- इसके अलावा भी ऐसे बहुत से काम हैं, जिन्हें करवाकर आप अपना पैसा और समय बचा सकती हैं।
- कारीगर रोज-रोज छुट्टी न माँगे, यह बात उससे पहले ही तय कर लें। वरना इसका फर्क आपके काम पर पड़ेगा। उससे यह तय कर लें कि वह महीने में कितनी छुट्टी करेगा और उससे ज्यादा छुट्टी करने पर आप उसके पैसे काट लेंगी।

प्रचार करें—थोड़ी-बहुत पब्लिसिटी भी जरूरी है। इसके लिए अपनी किटी पार्टी आदि का भी सहारा ले सकती हैं। वहाँ आनेवाली मेंबर्स को अपने काम के बारे में बताएँ । इसके अलावा एक बोर्ड बनवाकर अपनी कॉलोनी के एंट्रेंस पर लगवाएँ, जिससे सभी को पता चल जाएँ, कि कॉलोनी में एक नया बुटीक खुला है।

कुछ खास बातें

- सबसे पहले यह तय करें कि आप किसी खास वर्ग तक ही सीमित रहना चाहती हैं या फिर यूनिवर्सल बनना चाहती हैं।
- आरंभ में प्रॉफिट के बारे में ज्यादा न सोचें, क्योंकि कम कीमतों के जरिए भी आप ग्राहकों को आकर्षित कर सकती हैं और जब ग्राहक परमानेंट हो जाएँ तो आप कीमत बढ़ाकर प्रॉफिट मार्जिन के बारे में सोच सकती हैं।
- हमेशा लेटेस्ट डिजाइन, फैशनेबल कपड़ों के बारे में जानकारी रखें। कपड़े पर लगाने के लिए एक्सेसरीज जैसे, फैंसी बटन आदि भी आप अपने पास रखें।
- कस्टमर से फीड बैक फॉर्म भी भरवाएँ, ताकि आपको अपने बुटीक की

कमियों और अच्छाइयों के बारे में पता चलता रहे तथा उसके हिसाब से आप अपने बुटीक में परिर्वतन करती रहें।

- अपने कर्मचारियों से ज्यादा डाँट-डपट कर काम न करवाएँ, वरना एक दिन वे बिना जानकारी दिए काम छोड़ देंगे और अचानक आप मुसीबत में आ जाएँगी। उनके साथ दोस्ताना व्यवहार रखें।
- अपने बुटीक को कुछ अलग अंदाज में सजाएँ। वहाँ डिजाइनर कपड़ों आदि का डिस्प्ले करें।
- अगर कस्टमर आपको आपके द्वारा किए काम में कोई कमी बता रहा है तो 'आपने सही किया है', ऐसा कहकर उससे बहस न करें, बल्कि उसकी बात ध्यान से सुनें और उसके मन-मुताबिक काम करके दें, तभी वह अगली बार आपके पास आएगा।
- आप चाहें तो कुछ डिजाइन अपने लैपटॉप या कंप्यूटर पर सेव कर लें और जब लोग डिजाइन दिखाने को कहें तो उससे दिखाएँ। इससे आपको भी दिखाने में सुविधा होगी और लोगों को भी अपनी पसंद के डिजाइन कम समय में मिल जाएँगे।
- अपने बुटीक में डिजाइन से रिलेटेड कुछ पुस्तकें रखें, जिसमें सूट और ब्लाउज के गले व उनसे संबंधित कुछ डिजाइन हों, जिसे देखकर लोग आसानी से पसंद कर सकें।
- आप चाहें तो सूट के कपड़े, दुपट्टे आदि भी अपने पास सेल करने के लिए रख सकती हैं।

□

क्रैच

आपका मन वात्सल्य से भरा है, बच्चों के साथ समय बिताना आपको पसंद है, उनकी प्यारी-प्यारी और मीठी-मीठी बातें आपको अच्छी लगती हैं तथा उनके साथ खेलने में आपकी रुचि है, तो क्यों न आप अपनी इस रुचि को रोजगार के रूप में अपनाएँ? आप अपने इस शौक को पैसा कमाने का साधन बना सकती हैं। अधिकतर गृहिणियाँ घर का कामकाज करने के बाद खाली रहती हैं। इस खालीपन को भरने के लिए वे अपने घर में क्रैच खोल सकती हैं। इससे समय भी कट जाएगा और घर बैठे चार पैसे भी वे कमा सकेंगी। वैसे भी होम बिजनेस के रूप में क्रैच खोलना बड़े शहरों में काफी लोकप्रिय हो रहा है।

पूँजी—20,000 से 25,000 रुपए।

ट्रेनिंग—क्रैच खोलने के लिए किसी कोर्स की जरूरत नहीं है, लेकिन आपका पढ़ा-लिखा होना जरूरी है। यदि आप महसूस करती हैं कि छोटे बच्चों को बिना किसी समस्या के आराम से सँभाल सकती हैं, तो आप अपना 'प्ले स्कूल' खोल सकती हैं। चाहें तो किसी दूसरे 'प्ले स्कूल' को देखकर बच्चों को सँभालने के तौर-तरीके को भी समझ सकती हैं। इसमें बच्चे के मनोविज्ञान को समझना जरूरी है। छोटा बच्चा, जो हर वक्त अपनी माँ के साथ रहता है और उसे अचानक अपनी माँ से अलग होना पड़े, तो यह उसके लिए बहुत मुश्किल काम होता है और आपको इस काम को इस बखूबी से निभाना है कि आप उस बच्चे के अभिभावक की जगह ले सकें।

वातावरण—बच्चे को खुला और स्वच्छ वातावरण दें, ताकि बच्चे संक्रमण से बचे रहें। क्रैच में साफ-सफाई का पूरा ध्यान रखें। एक आया होनी चाहिए, जो बच्चों के सूसू-पॉटी का ध्यान रखे और उसे साफ कर सके। एक कमरे में इतने बच्चों को भी न भर दें कि बच्चों का साँस लेना मुश्किल हो जाए, क्योंकि ऐसी

जगह अभिभावक अपने बच्चों को ज्यादा दिनों तक नहीं भेजेंगे।

आकर्षण की चीजें—बच्चों की जरूरत की सभी चीजों का होना अच्छे क्रैच की निशानी है। क्रैच में आपको पर्याप्त मात्रा में विभिन्न आयु के बच्चों के लिए अच्छे किस्म के खिलौने, पुस्तकें, चार्ट्स, गेम्स, शैक्षणिक सीडी, कलर्स का होना भी जरूरी है। कलरफुल माहौल में बच्चे अपना समय हँस-खेलकर गुजार लेते हैं।

अन्य गतिविधि—समय-समय पर डांस, म्यूजिक, आर्ट ऐंड क्राफ्ट की क्लासें लगाने से बच्चों में जागरूकता बढ़ती है।

बच्चे कितनी उम्र के—क्रैच में 2 से 5 साल तक की उम्र के बच्चे रखे जाते हैं। आमतौर पर क्रैच इसलिए होता है, जिससे बच्चे को कुछ समय माँ के बिना रहने की आदत हो जाए और वह स्कूल जाने के लिए तैयार हो सके। वैसे तो शुरू-शुरू में बच्चा क्रैच में जाने से भी घबराता है और रोता है, लेकिन कुछ ही समय में अन्य बच्चों के साथ घुल-मिलकर वह माँ के बिना रहना सीख लेता है, तो उसका एडमिशन स्कूल में करा दिया जाता है, जहाँ वह अधिक समय बिताता है। क्रैच का फायदा यह भी है कि उसका समय थोड़ा कम होता है और अधिकतर वह घर के पास होता है। क्रैच में बच्चा परेशान करे तो माँ आकर उसे ले भी जा सकती है, जबकि स्कूल दूर होने के कारण लाने-ले जाने की दिक्कत होती है।

प्रचार कैसे करें—लोगों तक अपने क्रैच की सूचना देना जरूरी है, तभी तो लोग अपने बच्चों को आपके क्रैच में छोड़ने आएँगे। आइए जानें कि क्रैच के बारे में लोगों तक कैसे जानकारी पहुँचाएँ—

- क्रैच की पब्लिसिटी के लिए बैनर्स लगाएँ।
- यह विश्वास का मामला है, इसलिए मौखिक प्रचार काम आएगा, पैंफलेट्स भी बँटवाएँ।
- न्यूजपेपर में विज्ञापन दिया जा सकता है।
- उन अभिभावकों से संपर्क करें, जिनके बच्चे छोटे हैं और जो अपने बच्चों को कुछ समय के लिए क्रैच में डालना चाहते हैं।
- किसी सोसाइटी में रहती हैं तो वहाँ की रेजिडेंट्स वेलफेअर्स एसोसिएशन की डायरेक्टरी से इन अभिभावकों के फोन नंबर लेकर उनसे बात करें।
- स्थानीय केबल टीवी नेटवर्क पर स्टिप चला सकती हैं।

काम कैसे शुरू करें—घर के एक बड़े कमरे में छोटे बच्चे के बैठने के लिए रंग-बिरंगी प्लास्टिक की कुरसियाँ और मेज लगाएँ। कमरे में गिनती, फलों,

शरीर के विभिन्न हिस्सों के चार्ट लगाएँ। एक टीचर के गिनती या पोएम बोलने पर छोटा बच्चा उसी हिसाब से नहीं बता पाता, इसके लिए उसे गाकर या फिर उसकी रुचि के हिसाब से किसी दूसरे ढंग से पढ़ना सिखाएँ। कमरे के बाहर, लेकिन घर के अंदर झूले लगवाएँ। टीवी पर बच्चों को कार्टून के कार्यक्रम भी दिखा सकती हैं, इसलिए एक छोटा सा टीवी कमरे में लगा हो तो अच्छा है, जबकि म्यूजिक सिस्टम से पोएम सिखा सकती हैं। बच्चे को सूसू या पॉटी आने पर उसे साफ करने के लिए एक आया रखें।

कच्चा माल—अपने पास कॉपी, पेंसिल और क्रेयांस आदि रखें। बच्चों को वहीं बैठकर कॉपी पर कलर करने के लिए दें। ब्लॉक, बिल्डिंग, सॉफ्ट टॉयज और दूसरे छोटे-मोटे खेलों के सामान अपने पास रखें।

उत्साह बनाए रखें—यदि आप वाकई बच्चों से प्यार करती हैं तो प्रेरणा आसानी से मिल जाएगी। आपसे मिलने और मस्ती करने के लिए उनकी बेताबी वाकई बड़ा उत्साह देती है।

कमाई का जरिया—अगर पहले बैच के बच्चों का आगे चलकर दाखिला अच्छे स्कूल में हो जाए, तो अभिभावक अपने दूसरे बच्चे को भी यहाँ भेजने लगते हैं। बच्चों का दाखिला अच्छे स्कूल में होने से क्रैच की भी साख बनती है; क्योंकि क्रैच में बड़े स्कूल में एडमिशन लेने के लिए भी तैयारी कराई जाती है।

खर्चे—बच्चों के लिए आकर्षक की चीजें खरीदने पर होनेवाला खर्च, बच्चों के लिए आया, टीचर, चपरासी आदि का प्रबंध करना और उनके वेतन के खर्चे, कुछ क्रैचवाले बच्चों को ब्रेकफास्ट, लंच आदि भी देते हैं, इन पर भी खर्चा होता है। वह बात अलग है कि इनके लिए अलग से चार्ज लिये जाते हैं।

व्यवहारिक पहलू—एक क्रैच खोल लेने के बाद आपकी जिम्मेदारी कई गुना बढ़ जाती है, क्योंकि कई मासूम बच्चों की देख-रेख का जिम्मा आपका हो जाता है। अगर उन्हें कोई भी तकलीफ होती है तो उस समय आप ही इनके माँ-बाप बन इनकी सहायता करते हैं। इसलिए क्रैच में अचानक किसी बच्चे की तबीयत खराब हो जाए, बच्चा खेलते-कूदते गिर जाए या उसे चोट आदि लग जाए तो आपके पास तुरंत इलाज कराने की पर्याप्त सुविधा होनी चाहिए; क्योंकि आपके भरोसे ही अभिभावकों ने अपने बच्चे को यहाँ छोड़ा है। आपको पड़ोसियों, डॉक्टरों, केमिस्टों और इमरजेंसी सेवाएँ देनेवालों से नेटवर्क बनाना होगा। इन लोगों से तालमेल बनाए रखना अच्छा रहता है, खासकर मुसीबत के समय। इसके अलावा क्रैच में भी फर्स्ट-ऐड बॉक्स होना चाहिए और आपको भी दवाओं आदि के बारे में

थोड़ी जानकारी रखनी चाहिए।

आमदनी—यहाँ आनेवाले बच्चों से फीस के अलावा एक 200 रुपए तक की किट के पैसे अलग से लें। इस किट में कलरिंग का सामान, ड्राइंग कॉपी, डायरी और पेंसिल बॉक्स रखें। यह सामान आप इकट्ठा होल सेल में खरीद लाएँ। इससे आपको थोड़ी-बहुत बचत हो जाएगी। यदि स्कूल में बच्चे को अधिक सुविधाएँ उपलब्ध करा रही हैं तो उस हिसाब से फीस भी बढ़ाई जा सकती है। अगर बच्चों को अपने यहाँ खाना भी बनाकर देती हैं तो उस हिसाब से भी अधिक आमदनी हो सकती है।

गुण

- क्रैच चलाने के लिए आपका व्यवहार बहुत अच्छा होना चाहिए। अगर आप ज्यादा कड़क अंदाज में बच्चों से बात करेंगी तो वे आप से डरेंगे और क्रैच में आने के लिए भी तैयार नहीं होंगे, इसलिए बच्चों से दोस्ताना व्यवहार करना होगा।
- आपको माता-पिता के सवालों का भी संतोषजनक ढंग से जवाब देना होगा और बच्चों की जिज्ञासाओं का भी जवाब देना होगा; क्योंकि बच्चों के पास बहुत से सवाल होते हैं।
- बच्चे छोटी-छोटी बातों में झल्ला जाते हैं और बार-बार रोते रहते हैं, उनका मूड बदलता रहता है। आपके पास इतना धैर्य होना चाहिए कि आप उनकी बात ध्यान से सुन उन्हें चुप करा सकें।

महत्त्वपूर्ण बातें

- खानपान, परिवहन, सैनिटेशन, पेयजल आदि पहलुओं को ध्यान में रखते हुए बिजनेस योजना बनाएँ।
- अच्छा सा नाम सोचें।
- अपने संसाधन जुटाएँ।
- जरूरत पड़े तो शिक्षक, चपरासी, आया आदि का प्रबंध करें।
- खिलौने, फर्नीचर, प्राथमिक उपचार, किट आदि खरीदें।
- प्रचार शुरू करें।

□

यह है मेरा होम ऑफिस

घर से काम करना अपने साथ कई जिम्मेदारियाँ लाता है। यहाँ आप अपने मैनेजर खुद होती हैं। इसलिए आपको खुद ही यह डिसाइड करना होता है कि आपके काम के घंटे क्या रहेंगे, आप काम के समय को किसी अन्य चीज में वेस्ट तो नहीं कर रहीं और काम के अलावा घर की जिम्मेदारियों को किस तरह से निभाएँगी। घर से काम शुरू करने से पहले खुद से कुछ सवाल भी पूछें, ताकि आपको यह पता चल जाए कि आप घर से काम करने में कितनी सक्षम हैं।

- घर में आपके काम को बाधा पहुँचानेवाली सामान्य गतिविधियों, जैसे टीवी, बच्चे, आराम और घर में आनेवाले अतिथि आदि से खुद को परे रखकर क्या आप नियमित रूप से काम कर सकेंगी?
- कहीं यह आपका अपने सहेलियों को काम करते देख मात्र एक जोश तो नहीं है या फिर वाकई इसको लेकर आप सीरियस हैं?
- जिस काम को शुरू करने जा रही हैं, क्या आपको उसकी सारी नॉलेज है?
- अपने नए शुरू किए गए काम के अच्छे व बुरे फायदे व नुकसान, सभी परिस्थितियों को सहन करने में सक्षम हैं?
- क्या आपके परिवार के सदस्य घर से काम करने के आपके फैसले से खुश हैं या नहीं? अगर नहीं, तो आपने क्या सोचा है? क्या आप उनके फैसले के विरुद्ध जाकर यह काम शुरू करने की हिम्मत रखती हैं?

अगर इन सभी सवालों के जवाब 'हाँ' में हैं तो आप अपने होम ऑफिस के लिए पूरी तरह से तैयार हैं। अब आप अपना होम ऑफिस प्लान कर सकती हैं। इसमें हम आपकी कुछ मदद कर देते हैं—

बिजनेस प्लान करें—कोई भी बिजनेस खोलने से पहले आप उसकी मार्केट

रिसर्च कर लें और यह भी देख लें कि वह उस एरिया में कितना चल पाएगा! उदाहरण के तौर पर अगर आप 'डे केयर बिजनेस' प्लान कर रही हैं तो यह ध्यान में रखें कि आपके एरिया में उस एज ग्रुप के बच्चे हैं भी या नहीं! केटरिंग का बिजनेस शुरू करने से पहले आप अपने एरिया में बैंक, स्कूल, पीजी या हॉस्टल देख लें, जिनसे आप बातचीत करके उनके साथ अपना बिजनेस शुरू कर सकें। इसके बाद उस बिजनेस को आप कितना समय दे पाएँगी, ध्यान में रखकर ही अपना बिजनेस प्लान करें। इससे आप काम उचित ढंग से शुरू कर पाएँगी और नुकसान का रिस्क कम होगा।

बजट का खयाल रखें—बिजनेस शुरू करने से पहले उसके विज्ञापन, आपके टारगेट व मुनाफे, अपनी प्रोडेक्शन कॉस्ट और सबसे जरूरी अपना बजट तय कर लें। ऐसा नहीं होना चाहिए कि आप कोई ऐसा बिजनेस प्लान कर लें, जिसके लिए न तो आपके पास सुविधाएँ हों और न ही फाइनेंस।

टाइम टेबल बनाएँ—घर के कामों के बीच अकसर वर्क टेबल पर नियमित समय काम करने की पकड़ कमजोर हो जाती है। भले ही इस बात का आप अंदाजा न लगा सकें, पर किसी प्रोजेक्ट पर आपके काम की अवधि ऑफिस की तुलना में घर पर अधिक हो जाती है। घर में काम करने की निश्चित समयावधि निर्धारित करें और एक शिड्यूल बनाएँ, जिससे आप परिवार के साथ भी अच्छा समय व्यतीत कर सकें।

नियमित कार्यसूची बनाएँ—अपने लिए काम का एक रूटीन बना लें। दिन का कुछ समय अपने विशेष कामों के लिए निश्चित करें। क्लाइंट से बात करना, वीडियो कॉन्फ्रेंसिंग या फिर इ-मेल भेजना या चेक करना, फोन पर बात करना आदि के लिए विशेष समय निर्धारित करें। अपने टाइम टेबल का पालन करें। ऐसा करके आप अपने काम को व्यवस्थित रूप देने में कामयाब हो जाएँगी। इससे आप अगले दिन काम के बोझ में लदने से बच जाएँगी।

काम की वेशभूषा—अपने काम के समय को अधिक प्रभावी बना सकती हैं। आप हर रोज घर का काम निबटाकर ऐसे ही तैयार हों, जैसे कि ऑफिस के लिए तैयार होते हैं और काम शुरू करें। इससे आपके मन में काम के प्रति एक जिम्मेदारी की भावना आएगी और काम भी प्रोफेशनल तरीके से होगा।

सीखती रहें—अपने बिजनेस से जुड़ी जानकारियों को बढ़ाती रहें और उसे अपडेट करने के लिए उससे संबंधित सेमिनार अटेंड करें, इंटरनेट से जानकारी लें, मार्केट में नई चीजों का पता करें। इसके अलावा समय-समय पर जानकारी बढ़ाने

के नए-नए तरीके खोजती रहें, ताकि आप समय के साथ अपने बिजनेस को चला सकें व उसमें नित-नई नवीनता ला सकें।

जब बिजनेस बढ़ रहा हो—अगर बिजनेस बढ़ रहा हो, तो उसकी जरूरत के अनुसार जगह भी बढ़ा लें, जैसे कि आप चाहें तो घर का एक और कमरा अपने काम के लिए इस्तेमाल कर सकती हैं या फिर घर के टैरेस पर कोई छोटा सा कमरा बनाकर वहाँ काम बढ़ा सकती हैं। इसके अलावा बिजनेस बढ़ने पर नया कंप्यूटर भी ले सकती हैं और अपने लिए सहयोगी भी रख सकती हैं, ताकि आपको काम में कोई परेशानी न हो।

होम ऑफिस में महाभारत की ये सूक्तियाँ पालन करें

महाभारत में लिखा है कि—

उत्थानं संयमों दाक्ष्यमप्रदामो धृतिः स्मृतिः
समीक्ष्य च समारभो विद्धि मूलं भवस्य तु

इस श्लोक में जीवन में कर्म, विचार और व्यवहार से जुड़ी बातों को सफलता का पर्याय माना गया है।

उद्यम—मेहनत, परिश्रम और कर्म करना।

संयम—मन व विचारों पर काबू रखना और किसी भी विपरीत परिस्थितियों में हड़बड़ाहट से बचना।

दक्षता—जो काम आप शुरू करना चाहती हैं, उसमें कुशल होना।

सावधानी—अपने कार्य को हर बाधाओं से बचाते हुए सावधानीपूर्वक करना।

धैर्य—काम का लक्ष्य पूरा न होने पर भटकाव से बचना और अपने लक्ष्य के प्रति अडिग रहने में धैर्य का परिचय देना।

सोच-विचार—अपने होम बिजनेस में कोई भी कदम उठाते हुए उसमें सही व गलत को परखने के लिए सोच-विचार करना और उसी के अनुसार कार्य करना।

□

फ्रीलांस इंटीरियर

इंटीरियर डिजाइनर एक ऐसा काम है, जिसमें पैसे लगाने की जरूरत बहुत कम होती है। अगर आपमें सृजनशीलता है, आप रचनात्मक सोचती हैं तो आप घर बैठे इस व्यवसाय को अपना सकती हैं। इसकी शुरुआत करने के लिए आपको कागज, स्केल, पेंसिल और रबड़ जैसी चीजों का ही इस्तेमाल करना होता है। आपके पास कंप्यूटर हो तो बहुत अच्छा है, वरना उसके बिना भी काम चलाया जा सकता है। बस अगर किसी चीज की जरूरत है तो वह है आपका दिमाग और उसमें आनेवाले बेहतर डिजाइन।

गुण

- अगर आपको ड्राइंग बनाने का शौक है तो यह कला इंटीरियर डिजाइनिंग में आप के बहुत काम आ सकती है, क्योंकि यही इंटीरियर डिजाइनिंग की शुरुआत है।
- आप कल्पना के घोड़े अच्छे से दौड़ा लेती हैं तो यह भी आपके काम का ही है, क्योंकि एक सृजनशील, सुव्यवस्थित और विश्लेषण करनेवाला दिमाग इसके लिए जरूरी है।
- रचनात्मकता और योजना को ठोस आकार देने की क्षमता।
- रंग और आकृति की सही समझ हो।
- अपने ग्राहक की जरूरतों को समझते हुए अपने काम को अंजाम देना और ग्राहक की पसंद में अपनी पसंद मिलाकर काम करने की समझ।
- स्केच बनाने और समझने की क्षमता हो।
- किसी भी उलझन में फँस जाने पर उसे सुलझाने का वैज्ञानिक तरीका पता होना चाहिए।

कितनी कमाई—फ्रीलांस डिजाइनिंग महिलाओं के लिए एक अच्छा व्यवसाय है। इसमें आपको जितना ज्यादा अनुभव होगा, उतना ही अधिक आपके काम की माँग बढ़ेगी और उसी के अनुसार पैसे भी बढ़ते जाएँगे। वैसे अपने काम के शुरुआती दिनों में आप 10 से 15 हजार तक कमा सकती हैं। इसके बाद थोड़ा अनुभव हो जाने के बाद एक भी अच्छा ऑर्डर मिलने पर 40 से 50 हजार रुपए तक कमा सकती हैं।

क्या सीखें

- अपने किसी भी प्रोजेक्ट पर काम करते हुए आपको स्टाइल, अनुपात, आकार, रंग, प्रकाश, शेड, ढाँचा, बनावट, संयोजन का प्रभाव आदि चीजों के अनिवार्य तत्त्वों की जानकारी होनी चाहिए।
- योजनाओं की रूपरेखा बनानी आनी चाहिए।
- फर्नीचर को बारीकी से देखना और उसके लिए भी कमरे के हिसाब से डिजाइन तैयार करना आना चाहिए।
- आपको अपने किए काम का बजट बनाने और लागत तय करने की पर्याप्त जानकारी भी जरूरी है।
- वास्तुकला के विभिन्न तकनीकी और संरचनात्मक पहलुओं का ज्ञान भी लेना चाहिए, वैसे यह इंटीरियर डेकोरेटर का कोर्स करने पर खुद-ब-खुद हो जाता है; क्योंकि इससे संबंधित जानकारी इस कोर्स में आपको दी जाती है।
- औपचारिक प्रशिक्षण, जिसमें कार्य के सैद्धांतिक और व्यवहारिक दोनों पहलू होते हैं, प्राप्त करना जरूरी है।
- आजकल डिजाइनिंग का काम कंप्यूटर के जरिए किया जाता है, इसलिए सॉफ्टवेयर प्रोग्राम की जानकारी भी जरूरी है।
- आप समय के साथ चल सकें और आपके द्वारा डिजाइन की गई चीजों में नयापन हो, उसके लिए जरूरी है कि आप मार्केट से जुड़े रहें। इसके लिए मार्केट सर्वे, मैगजींस और फ्यूजन पर भी नजर रखें।
- आप हमेशा एक से ही डिजाइन न बनाती रहें, बल्कि आपकी डिजाइन में विविधता हो।

प्रचार कैसे करें

- अगर आप अपना नया बिजनेस शुरू करना चाहती हैं तो उसके लिए समाचार-पत्रों, मैगजींस में अपने काम के बारे में विज्ञापन दें।
- शुरुआत में आपको बिना पैसों के ही काम करना पड़ेगा, जैसे कि अपने रिश्तेदारों और दोस्तों का घर सजाएँ, इससे उनके घर आनेवाले कई लोगों को जब यह पता चलेगा कि घर आपने डिजाइन किया है तो वे भी आपका काम देखकर आपके पास आएँगे।
- आप अपने ही कॉलोनी के कुछ लोगों का घर डेकोरेट करें, अगर उन्हें पसंद आया तो वे जरूर बाकी लोगों से आपके काम की तारीफ करेंगे और नए लोग आपके पास आएँगे। इससे आपका काम चल निकलेगा और फिर आप अपने काम की अच्छी कीमत ले सकती हैं।
- आपने पहले जो भी काम किया है या फिर अपने किसी कस्टमर का ऑफिस या घर सजाया हो, तो उसके फोटो खींच लें और उसकी एक एक्सपीरियंस फाइल बना लें तथा आनेवाले नए कस्टमर को वह फाइल दिखाएँ, जिससे उसे आपके काम पर विश्वास होगा और वह आपको ऑर्डर देगा।

ग्राहक को कैसे बताएँ कि खर्च कितना होगा

घर की डेकोरेशन 3 तरह की होती है और उसी के आधार पर ग्राहक का खर्च तय किया जाता है, जैसे कि—

- ☞ नॉर्मल लुक
- ☞ एथनिक लुक
- ☞ हाई लुक

अगर कस्टमर अपने घर को साधारण सा लुक देना चाहता है तो उसमें ज्यादा काम नहीं करना पड़ता। घर में जो सामान है, उसी में थोड़ी-बहुत फेर-बदल करके हलकी-फुलकी डेकोरेशन की जाती है। इसमें खर्च भी बहुत कम आता है। घर में एथनिक लुक चाहनेवालों के लिए फर्नीचर, बेड आदि का खास खयाल रखना पड़ता है, इसलिए खर्च भी थोड़ा ज्यादा आता है और अगर आप हाई लुक के शौकीन हैं, तो इसमें सजावट भी ज्यादा की जाती है और फर्नीचर भी काफी हैवी व महँगा इस्तेमाल किया जाता है तथा उसी के अनुसार दाम और मेहनत भी बढ़ जाती है। इसी के आधार पर आप अपने ग्राहक से पूछ सकते हैं कि

उसे कैसी डेकोरेशन करवानी है और उसी हिसाब से कीमत तय करके उसे बताएँ।

समय कितना देना पड़ेगा—फ्रीलांस इंटीरियर का काम करने के लिए आप को बहुत ज्यादा समय देने की जरूरत नहीं है। आप अपने घर के कामों से फ्री होकर इसे कर सकती हैं। आपके नीचे भी 10–15 लेबर की एक टीम काम करती है, इसलिए उनके साथ सामंजस्य बिठाकर आप अपनी मरजी से दिन हो या रात, काम कर सकती हैं।

फैशन में क्या है—आजकल दीवारों पर मिक्स ऐंड मैच करने का फैशन है। जिसमें अलग-अलग से रंगों से आमने-सामने की दीवारों को रँगा जाता है। इसके अलावा दीवारों पर फूल व छोटे-बड़े डिजाइन बनवाने का भी फैशन है। पीओपी, कलर्स स्कीम, वॉल ट्रीटमेंट और फर्नीचर के लुक व सजावट के तरीके से घर को एक नया यूनिक लुक दिया जा सकता है।

कंप्यूटर में क्या लें—इंटीरियर डिजाइनिंग के लिए कंप्यूटर में आटोकार्ड प्रोग्राम डलवाना पड़ता है। इसके साथ ही आपके कंप्यूटर के साथ उसमें अटैच प्रिंटर का होना भी जरूरी है। प्रिंटर कलर हो, तो काफी अच्छा रहता है, क्योंकि कंप्यूटर पर डिजाइन तैयार करके कलर स्क्रीन पर डेकोरेशन के साथ कस्टमर को दिखाने का अलग ही फायदा है, क्योंकि इससें वह ज्यादा जल्दी समझ सकता है कि आप उसे क्या प्लान देनेवाले हैं।

रंगों का महत्त्व—घर में रंगों का महत्त्व बहुत ज्यादा होता है, उससे ही घर की शोभा बढ़ती है। डिजाइनर को ध्यान रखना पड़ता है कि घर में कौन सा रंग किस चीज और कमरे के साथ फबेगा। सोफे और दीवार का रंग एक जैसा होगा या बिल्कुल अलग होगा, घर के फर्नीचर के साथ दीवारों का कलर मैच कर रहा है या नहीं, इसके अलावा कौन-कौन से और कैसे रंगों का इस्तेमाल करना है, जिससे घर चमक उठे, यह सब रंग संयोजन करना डिजाइनर का ही काम है।

प्लान क्या है—प्लान वह रूपरेखा या ले-आउट है, जिसके आधार पर इंटीरियर डिजाइनिंग के तहत काम किया जाता है। यह रूपरेखा कुल क्षेत्रफल और फर्नीचर के साथ ग्राहक की पसंद को ध्यान में रखते हुए बनाई जाती है। इंटीरियर डिजाइनर कोई भी दो प्लान तैयार करके ग्राहक को दिखाता है और उसमें से कोई भी डिजाइन ग्राहक पसंद कर सकता है।

स्टाइल का क्या महत्त्व है—आजकल हर कोई आधुनिक घर चाहता है, जिसे देखते ही मेहमानों के मुँह से 'वाह' निकल जाए और उसके लिए ग्राहक पैसा भी खर्च रहा है तो फिर यह डिजाइनर का काम है कि उसे घर को कैसे स्टाइलिश

लुक देना है। घर को एथनिक या इंडोवेस्टर्न कैसे बनाएँ? घर के अलग-अलग कोने की डेकोरेशन कैसे करें? जितनी अच्छी वह डेकोरेशन करेगा, उतना ही उसका खुद का भी अनुभव बढ़ेगा और किए गए काम की तारीफ मिलेगी सो अलग, यह उसके अच्छे भविष्य के लिए भी जरूरी है।

अनुपात क्या है—कमरा कितना बड़ा है, सोफा कितनी जगह में आना चाहिए, बेड के आस-पास कितनी जगह बचनी चाहिए आदि को नापकर अनुपात के द्वारा ही तय किया जाना चाहिए। अगर इसमें गड़बड़ हो गई तो पूरा प्लान खराब हो जाएगा। सच कहें तो डिजाइनर के लिए सबसे मुश्किल काम यही है। इसलिए यह काम पूरी मेहनत, सफाई और समझदारी से किया जाना चाहिए। अनुपात हमेशा सेंटीमीटर या फुट में किया जाता है।

इंटीरियर डिजाइनर कैसे बनें—इंटीरियर डिजाइनर बनने के लिए किसी अच्छे संस्थान से इंटीरियर डेकोरेटर का कोर्स करें और उसके बाद किसी अच्छी फर्म या प्रतिष्ठित डिजाइनर के साथ कुछ समय ट्रेनिंग ली जाए तो आपको अपने काम की प्रैक्टिकल नॉलेज हो जाती है तथा काम की समझ आ जाती है। इसके बाद आप खुद का काम भी शुरू कर सकती हैं।

कोर्स कहाँ से करें

- साउथ वेमेन पॉलीटेक्निक, साउथ एक्स, दिल्ली
- यूनिवर्सिटी ऑफ मद्रास, चेन्नई
- रचना संसद्, स्कूल ऑफ इंटीरियर डिजाइन, 278, शंकर घनेकर मार्ग, प्रभादेवी, मुंबई 400025
- जे.जे. स्कूल ऑफ आर्ट्स, मुंबई
- एस.एन.डी.टी. विश्वविद्यालय, मुंबई 400020
- नेशनल स्कूल ऑफ फैशन डिजाइन, 14-बी, कमक स्ट्रीट, कोलकाता—700017।

□

मार्केटिंग कंसल्टेंट

अगर आपने एमबीए किया है और आप घर पर रहकर ही ऐसा कोई काम करना चाहती हैं, जिससे आप चार पैसे कमा सकें तो इसके लिए यह फील्ड अच्छा है। वैसे अगर आपने इस फील्ड में कुछ समय नौकरी की है तो और भी अच्छा है। अगर नहीं की है तो कोई बात नहीं।

ट्रेनिंग—फ्रीलांस मार्केटिंग के लिए मार्केट के बारे में जानकारी होनी चाहिए। टीवी पर बाजार से जुड़े अच्छे प्रोग्राम देखें। लाइफस्टाइल से जुड़े प्रोग्राम को देखकर यह पता चल जाता है कि इस समय मार्केट में क्या चल रहा है। आपको पता होना चाहिए कि इस साल के लेटेस्ट डिमांडिंग कलर कौन से हैं, किस तरह की थीम की सजावट लोग पसंद कर रहे हैं। इससे क्लाइंट का काम आसान हो जाता है और उसे बैठे-बैठाए आपसे यह जानकारी मिल जाती है कि किस तरह के सामान को लोग पसंद कर रहे हैं तथा वे उसी तरह का सामान तैयार करते हैं।

कमाई का जरिया—रचनात्मक लोगों की कला को बाजार या बड़ी कंपनियों तक पहुँचाकर आप अपने घर बैठे बढ़िया कमाई कर सकती हैं। आप चाहें तो आर्ट ऐंड क्राफ्ट का काम, डिजाइनिंग का क्षेत्र, किसी पब्लिकेशन हाउस के साथ जुड़कर यह काम कर सकती हैं और अच्छे पैसे कमा सकती हैं। आपका काम होगा उनके प्रेाडक्ट को मार्केटिंग करना और उसे बाजार तक पहुँचाना।

कैसे करें—अपने सभी मिलने-जुलनेवालों के बीच यह प्रचार करना शुरू कर दीजिए कि आप घर से ही मार्केटिंग का काम शुरू कर रही हैं। इंटरनेट से विभिन्न कंपनियों के फोन नंबर निकालें और फोन द्वारा संपर्क करके उनसे काम लें।

किससे मिलें—इस काम के लिए शोरूम से संपर्क कर अपने डिजाइनर के काम के सैंपल दिखाएँ। काम देखने के बाद हो सकता है कि खरीददार उस काम को अपने हिसाब से बनवाना चाहता हो। जैसे कि अगर वह कोई डिजाइन किसी अन्य कपड़े पर बनवाना चाहता हो, तो आपको उसकी पूरी बात को समझकर

डिजाइनर को समझाना होगा। इसलिए मार्केट में क्या चल रहा है और क्या नहीं, इसके बारे में आपको भी पूरी जानकारी होनी चाहिए।

समस्या—घर पर ही बैठकर किसी बड़ी कंपनी से फोन करके संपर्क साधना काफी नहीं रहेगा। शुरू में काम छोटा और कम आमदनी का लगेगा, लेकिन धीरे-धीरे काम बढ़ जाएगा और पैसे भी अच्छे मिलने लगेंगे।

आमदनी—शुरुआत में आप 7000 से 10000 रुपए तक ही कमा पाएँगी, लेकिन बाद में आपकी मेहनत से यह आमदनी बढ़कर 20,000 से भी अधिक हो जाएगी।

संभावनाएँ—आजकल कंपनियाँ अपना स्टाफ रखने की बजाय पार्ट टाइम लोगों से ज्यादा काम कराना पसंद करती हैं। आर्ट ऐंड क्राफ्ट जैसे कुछ बाजार अच्छे हैं, इन पर मेहनत करें तो निश्चित ही फायदा होगा। जब मुनाफा अच्छा होने लगे तो किसी प्रदर्शनी में डिजाइनर का स्टॉल भी लगवा सकती हैं। आजकल स्टॉल लगवाने का खर्च भी 1 लाख रुपए तक पड़ता है।

क्या करें

- इस काम के लिए आपको मार्केटिंग की अच्छी जानकारी होनी चाहिए, ताकि आप अपना काम सही ढंग से कर सकें।
- मार्केट की पूरी जानकारी होनी चाहिए, इसके लिए मैगजीन पढ़िए, रोज अखबार, जैसे इकोनॉमिक टाइम्स जैसे बिजनेस न्यूजपेपर भी देखें, ताकि आपको पता लग सके कि आजकल मार्केट में क्या चल रहा है। इंटरनेट सर्च करके भी मार्केट के अपडेट ले सकती हैं। इसके अलावा सोशल बनें और अपने मिलने-जुलनेवालों तथा दोस्तों से बात करती रहें, ताकि आपको पता चलता रहे कि नया क्या चल रहा है।
- अगर आप किसी फैशन डिजाइनर के काम को क्लाइंट तक पहुँचाने का काम कर रही हैं तो आपको कपड़े के बारे में पूरी पहचान होनी चाहिए कि कौन से कपड़े को क्या कहते हैं और उसपर कौन सा कलर और काम फबता है। हो सकता है कि आप जो काम लाई हों और क्लाइंट को जो काम करवाना हो, उसमें फर्क हो। हो सकता है कि आपने क्लाइंट को सूती कपड़े पर कढ़ाई का सैंपल दिखाया हो, लेकिन क्लाइंट को वही काम रेशमी कपड़े पर चाहिए हो, तो आपको उसके बारे में जानकारी होनी चाहिए।

- इस काम के लिए जरूरी है कि आपका स्वभाव हमजोलीवाला हो, सबके साथ जल्दी घुलने-मिलनेवाला हो, तभी आप आसानी से अपना काम निकलवाने में सफल हो सकेंगी।
- आपको खुद में भी थोड़ा क्रिएटिव होना चाहिए।
- अपने एक बार बनाए हुए संपर्कों को लंबे समय तक चलाएँ। उनसे काम लेती रहें, अगर काम खत्म भी हो जाए तो बीच-बीच में बात करती रहें, ताकि संबंध बना रहे।
- उसी डिजाइनर या अन्य किसी का काम लें, जिस पर आपको विश्वास हो, क्योंकि अगर क्लाइंट को बेचा हुआ माल सही नहीं हुआ तो उसकी जिम्मेदारी आपकी भी बनती है, क्योंकि डील तो आप भी कर रही हैं। आपकी मार्केट में साख का सवाल है, इसलिए जो भी काम हाथ में लें, पूरे सोच-विचार और समझकर लें।

क्या न करें

- अपनी पब्लिसिटी करने के चक्कर में लोगों को बढ़ा-चढ़ाकर जानकारी न दें, क्योंकि जब बाद में लोगों को असलियत पता चलेगी तो मार्केट में रैपो खराब हो जाएगी।
- अपने काम में जल्दबाजी न करें।
- सारा काम खुद ही करके काम का ज्यादा प्रेशर न लें, क्योंकि ऐसा हुआ तो इसका असर आपके काम पर भी पड़ेगा। इसलिए अच्छा है कि बाहर के कामों के लिए कोई हेल्पर रख लें या फिर घर के ही किसी मेंबर को अपने काम में शामिल कर लें।
- काम को इतना न बढ़ा लें कि सँभालना मुश्किल हो जाए। अगर इस काम के चलते घरेलू जिम्मेदारियों की अनदेखी होने लगे तो घरेलू काम-काज के लिए कोई फुल-टाइम मेड आदि रख लें।

□

नेल आर्ट

अगर आप फैशनेबल हैं और आपको फैशन की समझ है तो आपके लिए कई विकल्प हैं। इनमें से एक विकल्प है नेल आर्ट। नेल आर्ट नाखूनों को एक आकर्षक लुक देता है। बॉडी आर्ट की तरह नेल आर्ट भी आजकल ऐड में हैं। नेल आर्ट का कोर्स कर आप इसे घर बैठे अपना एक अच्छा रोजगार बना सकती हैं, जिसके जरिए कमाई भी अच्छी हो जाती है और आपको आपके मन का काम करने का मौका भी घर बैठे ही मिल जाता है। इसके जरिए अपने नाखूनों को मनचाहे शेप में ढाल सकती हैं। नाखूनों की लंबाई, शेप क्लाइंट के अनुसार तय किया जाता है। इसके अतिरिक्त नकली नाखून भी बनाए जाते हैं। नेल आर्ट और नेल जूलरी के माध्यम से भी नाखूनों को सजाया जाता है।

ट्रेनिंग—नेल आर्ट का काम शुरू करने से पहले यह जरूरी है कि आप इससे संबंधित कोई कोर्स या ट्रेनिंग कर लें, ताकि आपको इसके विषय में पूरी जानकारी हो जाए। इसके जरिए आप नेल आर्ट से संबंधित हर काम को अच्छी तरह सीख लेती हैं। ट्रेनिंग के दौरान कई तरह की चीजें सिखाई जाती हैं, जैसे कि—

- नाखूनों की शेप बनाने और उन्हें फाइल करने का तरीका बताया जाता है।
- हैंड ऐंड रूनेल्स केयर
- नाखूनों को पेंट और पॉलिश करने का तरीका।
- नेल आर्ट में स्पेशल कलर से पेंटिंग करना।
- नाखूनों पर स्वरोस्की, कुंदन, नेल स्टिकर्स, फूलों और सुई-धागे से डिजाइन बनाना सिखाते हैं।
- रंगों की च्वॉइस और डिजाइन के बारे में पूरी जानकारी दी जाती है।
- फूलों और सुई-धागे से डिजाइन बनाना सिखाते हैं।

- इस कोर्स में नेल्स पर फाइल भी तैयार कराई जाती है। इसमें आर्टिफिशल नेल्स को अलग-अलग तरीके से पेंट करके उनपर डिजाइन बनाकर फाइल में लगाकर दिखाने होते हैं। इससे उन्हें काम करने की व्यावहारिक जानकारी मिलती है।

ट्रेनिंग की अवधि—यह कोर्स 10 से 15 दिनों तक का ही होता है।

ट्रेनिंग की फीस—5000 से 10000 रुपए तक होती है।

काम कैसे शुरू करें—काम शुरू करने से पहले यह तय करें कि आप इस काम के लिए अपने घर का कौन सा कमरा इस्तेमाल में लाएँगी। उस कमरे को जरूरत की सभी चीजों से सजाएँ, क्योंकि यह फैशन से जुड़ा काम है तो उस कमरे से भी यह झलकना चाहिए। कमरे में नेल आर्ट के डिजाइन से जुड़े कई चार्ट और पिक्चर दीवारों पर लगाएँ। सामान रखने के लिए एक अलमारी की व्यवस्था भी करें। एक बड़ी टेबल व कुछ चेयर भी रखें। साथ में छोटी टेबल भी होनी चाहिए जिस पर हाथ रखकर आप यह काम कर सकें। एक बात का और ध्यान रखें कि अपना सब सामान बच्चों की पहुँच से दूर रखें, कहीं ऐसा न हो कि आपका कीमती नेल पेंट और अन्य सामान बच्चे खराब कर दें।

इसके बाद आप सामान इकट्ठा करें और नेल आर्ट की डिजाइन की एक फाइल तैयार करें, जिसे आप कस्टमर को दिखा सकती हैं और वह उनमें से अपना मनपसंद डिजाइन चुन नेल आर्ट करा सकता है। नेल आर्ट से संबंधित सामान खरीदें और उसके बाद आप यह काम कर रही हैं, इसके बारे में अपने मिलने-जुलनेवालों को बताएँ और पोस्टर आदि छपवाकर अपने काम का प्रचार करें, ताकि जल्द-से-जल्द लोग आपके पास आना शुरू कर दें।

नाखूनों की हैल्थ से संबंधित जानकारी दें—अपना काम शुरू करने पर आप कभी-कभी कुछ सेशन शुरू करें, जिसमें अपने मिलने-जुलनेवालों को बुलाएँ और नाखूनों से संबंधित जरूरी बातें बताएँ। इससे उन्हें लगेगा कि आपको इस काम की काफी नॉलेज है और वे नेल आर्ट का काम और किसी से नहीं बल्कि आप से ही कराना पसंद करेंगी।

- नाखून कमजोर व रूखे हैं, तो विटामिन ए युक्त चीजें, जैसे—गाजर, अखरोट, पालक और शकरकंदी लें।
- गाजर का ताजा जूस कैल्शियम व फासफोरस से भरपूर होता है, जो नाखूनों को स्ट्रेंथ देता है।
- कैल्शियम की कमी नाखूनों के कई रोगों का कारण बनती है, इसलिए

अपने भोजन में दूध, चीज, पनीर, दही जैसे मिल्क प्रोडक्ट भी शामिल करें।

- मजबूत नाखून पाने के लिए दिन में करीब 8-10 गिलास पानी पीएँ।
- अगर आप शाकाहारी हैं तो ब्राकली व प्याज, अगर मांसाहारी हैं तो मछली खाएँ। उनमें सिलिकॉन और सल्फर होता है, जो नाखूनों के लिए फायदेमंद होता है।

साफ-सफाई व सजावट के बारे में बताएँ

- दिन में कई बार हाथों और नाखूनों पर माइश्चराइजर लगाएँ।
- नेल पॉलिश रिमूवर का इस्तेमाल कम करें। हफ्ते में एक बार से ज्यादा इस्तेमाल न करें।
- नाखून बहुत कड़े हों तो नॉन एसीटोन नेल पेंट रिमूवर का प्रयोग करें, क्योंकि एसीटोन पॉलिश रिमूवर नाखूनों से नमी सोखकर उन्हें कड़ा बना देता है।
- यदि नाखून अधिक कमजोर या बदरंग हों तो तेज खूशबूदार लोशन के प्रयोग से बचें, क्योंकि इन प्रोडक्ट्स में उपस्थित एल्कोहल नाखूनों को हानि पहुँचाता है।
- अगर नाखून अधिक कमजोर हों तो आप नेल हार्डनर का प्रयोग भी कर सकती हैं। नेल हार्डनर नाखूनों को सुरक्षा प्रदान करते हैं और उन्हें मजबूत बनाते हैं।
- नाखूनों को मजबूत बनाने के लिए उन्हें हर दूसरे दिन करीब 20 मिनट के लिए ऑलिव ऑयल में भिगोएँ।
- नाखूनों की फायलिंग एक ही डायरेक्शन में करें।
- नाखूनों की अच्छी ग्रोथ के लिए इन्हें ट्रिम करते रहें व शेप बनाते रहें।
- नाखूनों को शेप देते समय याद रखें कि वे सूखे हों।
- महीने में एक बार हाथों पर मेनिक्योर करवाना भी ठीक रहता है, इससे हाथ व नाखून साफ रहते हैं।
- नाखूनों को दाँत से न काटें, क्योंकि ऐसा करने से उनके विकास की गति धीमी हो जाती है और वे देखने में खराब लगने लगते हैं।
- अगर आपको नाखून चबाने की आदत है, तो उन पर नेल पेंट लगाकर रखें, ताकि जब नाखून मुँह में जाएँ तो उनका टेस्ट कड़वा लगे और आप अपनी यह आदत बदल दें।

- नेल पॉलिश जल्दी सुखाना चाहती हैं तो लगाने के बाद नाखूनों को कुछ देर ठंडे पानी में भिगो दें या हेयर ड्रायर की कूल सेटिंग से सुखा लें। एक बात का और ध्यान रखें कि अगर नेल पॉलिश जल्दी सुखानी है तो सिर्फ एक ही कोट करें।
- कोई जरूरी नहीं कि हमेशा नाखूनों पर नेल पॉलिश लगी रहे। कभी-कभी उन्हें ऐसे ही छोड़ दें बहुत मन हो तो ट्रांसपेरेंट कलर लगाएँ।

जूलरी लगाने का तरीका

नेल जूलरी का इस्तेमाल करने से पहले नाखूनों को सबसे पहले थीम के मुताबिक पेंट करें। इसके बाद नाखूनों के जिस हिस्से पर जूलरी लगानी है, वहाँ ड्रिलिंग की जाती है। जूलरी के साइज के मुताबिक ड्रिल किया जाता है और फिर उस जगह पर जूलरी को फिल कर दिया जाता है। जिस जगह पर जूलरी ड्रिलिंग की जाती है, वहाँ पर स्टोन को सीलर की मदद से चिपका दिया जाता है। इसमें स्पेशल गोल्डन तारों का इस्तेमाल किया जाता है। ये सभी काम बहुत ही बारीकी से व सफाई के साथ करें।

□

ऑनलाइन वर्क

अगर आपको कंप्यूटर की अच्छी जानकारी है और आपको कंप्यूटर पर समय बिताना अच्छा लगता है तो कंप्यूटर और इंटरनेट के द्वारा होनेवाला ऑनलाइन वर्क आपका इंतजार कर रहा है। बस इसके लिए यह जानना जरूरी है कि हम कैसे इस ऑनलाइन वर्क को शुरू कर पैसा कमा सकते हैं! आइए जानें ऑनलाइन वर्क कैसे-कैसे होता है और किस प्रकार आप उसके जरिए पैसा कमा सकती हैं।

यू ट्यूब से कमाई—यू ट्यूब आपके ओरिजनल वीडियो को ऑनलाइन डिस्ट्रीब्यूट कर, उससे होने वाली कमाई में आपको हिस्सा देने जा रही है। यू ट्यूब पार्टनर प्रोग्राम में शामिल हाने के लिए यूजर्स को सबसे पहले पार्टनर प्रोग्राम के लिए अप्लाई करना होगा। यूजर को इसी रजिस्ट्रेशन के माध्यम से अपने वीडियो अपलोड करने होंगे। यू ट्यूब की टेक्निकल कमेटी ऑरिजनलिटी और क्वालिटी का परीक्षण करेगी। इसके बाद वीडियो पर मिलनेवाले विज्ञापन का हिस्सा यूजर्स को दिया जाएगा।

ऐसे करना होगा रजिस्ट्रेशन—यू ट्यूब पार्टनरशिप प्रोग्राम में जाने के लिए यूजर्स को सबसे पहले यू ट्यूब पार्टनर प्रोग्राम के लिए अप्लाई करना होगा। यूजर्स को इसी रजिस्ट्रेशन के माध्यम से यू ट्यूब की टेक्निकल कमेटी ऑरिजिनलिटी और क्वालिटी का परीक्षण करेगी। इसके बाद वीडियो पर मिलने वाले विज्ञापन का हिस्सा यूजर्स को दिया जाएगा।

- यू ट्यूब पर अपने सभी वीडियो अपलोड कर दें और 10000 अवलोकन होने का इंतजार करें। जिस दिन 10000 बार आपके वीडियो देखे जा चुके हों, उस दिन यू ट्यूब पार्टनरशिप के लिए आवेदन कर दें इसके लिए आपके पास 'गूगल एडसेंस अकाउंट' का होना जरूरी है। इस बात का भी ध्यान रखें कि 'गूगल एडसेंस अकाउंट' के साथ ज्यादा छेड़खानी न

करें। क्योंकि जिस दिन आपका गूगल अकाउंट खुल गया, उस दिन यू ट्यूब पार्टनरशिप भी गई।

वेबसाइट बनाकर कमाएँ—आप इंटरनेट पर अपनी खुद की एक अच्छी सी वेबसाइट बनाकर भी पैसा कमा सकते हैं। हाँ, इसके लिए आपको शुरुआत में कुछ पैसा खर्च करना पड़ सकता है, लेकिन इसके बाद आपको मुनाफा ही होगा। वेबसाइट बनाने के लिए आपको एचटीएमएल का ज्ञान होना जरूरी है, लेकिन यह सीखना बेहद आसान है। अनेक ऐसी वेबसाइट हैं, जो कि मुफ्त में एचटीएमएल के ट्यूटोरियल्स देती हैं। अनेक ऐसे वेबसाइट बिल्डर्स भी बन गए हैं, जो आपकी साधारण भाषा को एचटीएमएल में परिवर्तित कर देते हैं। प्रायः सभी होस्टिंग कंपनी वेबसाइट बिल्डर प्रदान करते हैं। अपना वेबसाइट बनाने के लिए आपको ये चीजें सीखनी होंगी—

- एक 'डोमेन नाम' कैसे रजिस्टर करें?
- एक 'डोमेन नाम' को होस्ट कैसे करें?
- अपने वेबसाइट के लिए उत्तम जानकारियों से युक्त लेख आप लिख सकती हैं।

डोमेन नाम रजिस्टर करना—वेबसाइट के नाम को ही डोमेन कहा जाता है और उसे रजिस्टर कराना पड़ता है। सबसे पहले अपनी वेबसाइट की विषय-वस्तु से मेल रखने वाला एक अच्छा सा डोमेन नाम सोच लें। अब आप इस डोमेन नाम को रजिस्टर करवा लें। प्रायः सभी होसटिंग कंपनियाँ भी डोमेन नाम के रजिस्ट्रेशन का काम करती हैं।

डोमेन को होस्ट करना—अब आपको किसी अच्छी और प्रतिष्ठित होस्टिंग कंपनी से अपनी बेवसाइट के लिए स्थान लेना होगा। होस्टिंग कंपनी आपको सीपनेल की सुविधा प्रदान करती है, जिसकी सहायता से आप आसानी के साथ अपनी वेबसाइट को इंटरनेट में पहुंचा सकती हैं।

फोटो बेचकर करें कमाई—अगर आपको लगता है कि आपके भीतर फोटोग्राफी की प्रतिभा मौजूद है, तो वेबसाइट, प्रेजेंटशन, ब्रोशर, पत्र-पत्रिकाओं, अखबारों आदि के लिए चित्रों की माँग हमेशा बनी रहती है। इंटरनेट पर कुछ स्टॉक फोटोग्राफी वेबसाइट मौजूद हैं, जो अच्छी क्वालिटी के लाखों फोटोग्राफ और ग्राफिक्स का संकलन तैयार करती हैं। प्रकाशन संस्थान और वेबसाइट निर्माता उनसे अपनी पसंद के फोटोग्राफ या चित्र खरीद सकते हैं। लेकिन अनेक मौकों पर इन वेबसाइटों पर माँग के अनुसार उपलब्ध कराने के लिए चित्र नहीं होते। मिसाल के तौर पर

किसी व्यक्ति को केरल की किसी प्राचीन मल्ल विद्या का चित्र चाहिए तो वह स्टॉक फोटोग्राफी वेबसाइटों के पास शायद ही उपलब्ध हो। इसी तरह किसी छोटे से गाँव, किसी घटना विशेष, किसी भूला दिए गए व्यक्ति के चित्र भी अनेक बार अप्राप्य हो जाते हैं, अगर आपके पास उनके फोटाग्राफ हैं तो आप उन्हें स्टॉक फोटोग्राफी साइटों को बेच सकते हैं। वेबसाइटों की बढ़ती संख्या के कारण विश्व में बहुत सामान्य चीजों, मसलन चम्मच, कटोरी, दरवाजा, दीपक, पेन, स्याही, कंप्यूटर, बादल, खेल आदि के चित्रों की भी दुनिया में बहुत माँग है। फोटो स्टॉक रखनेवाली वेबसाइट भी आपके ऑनलाइन कमाई का जरिया बन सकती है। दुनिया भर में कई वेबसाइट फोटो खरीदकर आपको उसका भुगतान करती हैं। इसमें साइट के मेंबर को अपनी फोटो को साइट पर सब्मिट करना होता है। फिर उसके बाद साइट की पालिसी के अनुसार आप 15 से 85 फीसदी तक रॉयल्टी पा सकते हैं।

इ-ट्यूशन—पश्चिमी देशों में अभिभावकों के पास अपने बच्चों को होमवर्क कराने का पूरा वक्त नहीं होता है। ऊपर से अच्छा और सस्ता ट्यूशन तलाशना उस से भी मुश्किल काम। ऐसे माता-पिता के लिए इंटरनेट एक सुखद माध्यम बनकर आया है। वे इसकी मदद से अपने बच्चों को विदेशी शिक्षकों से अपेक्षाकृत कम दरों पर ऑनलाइन ट्यूशन करवा लेते हैं। जिसमें दोनों ही पक्षों का लाभ होता है। अंग्रेजी, गणित और विज्ञान के अच्छे शिक्षकों की मौजूदगी भारत को ऑनलाइन ट्यूशन के क्षेत्र में पहले ही स्थापित कर चुकी है। वैसे आजकल अपने देश में भी इ-ट्यूशन का काफी ट्रेंड है। कई वेबसाइट अलग-अलग विषयों के जानकर लोगों से पेड इ-ट्यूटर की सुविधा लेती हैं। आपकी अकादमिक पृष्ठभूमि अच्छी है तो आप एक बेहतर इ-ट्यूटर साबित हो सकती हैं और महज कुछ घंटे देशी-विदेशी छात्रों को पढ़ाकर आप मोटी कमाई कर सकतीहैं। यदि आपको एक से अधिक विदेशी छात्र मिल जाते हैं तो आपकी आय पूर्णकालीन शिक्षकों से भी बेहतर हो सकती है। विभिन्न वेबसाइटों पर ऑनलाइन ट्यूशन के लिए इंटरनेट आधारित आधुनिक तकनीकों का उपयोग किया जाता है। इसके लिए पहले अध्यापकों को प्रशिक्षण दिया जाता है। विषय विशेष की ट्यूशन के अलावा छात्रों को प्रोजेक्ट पूरा करने में मदद करने और विभिन्न प्रवेश परीक्षाओं की कोचिंग जैसे अवसर भी उपलब्ध हैं। अपने घर की चारदीवारी से निकले बिना, महज एक-दो घंटा लगाकर कमा लेने में क्या बुराई है? ऐसे छात्रों को ढूँढ़ने के लिए कुछ साइट्स हैं, जैसे कि ट्यूशन, ट्रांसट्यूटर्स, ऑनलाइन ट्यूशन, होमट्यूटर्स नेटवर्क आदि।

बुक पब्लिशिंग—आजकल कई वेबसाइट पैसे देकर ऑनलाइन बुक

लिखवाती हैं। अमेजन, इन्हीं साइटों में से एक है। अमेजन की इस फीचर का नाम किंडल डायरेक्ट पब्लिशिंग है। इसमें कोई भी ऑनलाइन बुक लिखकर उसे किंडल बुक स्टोर पर डाल सकता है। इसकी बिक्री पर लेखक को 70 फीसदी तक रॉयल्टी मिलती है।

ऐप्स का बिजनेस—स्मार्टफोन और टेबलेट के लिए लाखों एप्लिकेशन बन और बिक रही हैं। अगर आपके पास ऐप बनाने के लिए एक अच्छा आइडिया है तो भी आप किसी डेवलेपर की सहायता लेकर अपनी ऐप बनवा सकती हैं। ऐप बनवाने के बाद 30 से 100 डॉलर की फीस चुकाकर आप गूगल, ऐपल, माइक्रोसोफ्ट के विंडोज स्टोर पर रजिस्ट्रेशन करवाकर उन स्टोर्स से बेच सकती हैं।

एचआर सर्विसेज—आपने सुना ही होगा कि कुछ कंपनियाँ उन कर्मचारियों को इंसेंटिव देती हैं जो उनकी जरूरत के अनुसार नए कर्मचारियों की भरती में मदद करती हैं। कुछ कंपनियाँ इस तरह के इनसेंटिव उन सामान्य इंटरनेट सर्फर्स को भी देती हैं, जो उन्हें अच्छे उम्मीदवार सुझाते हैं। यह राशि 23000 से लेकर 45000 रुपए तक हो सकती हैं। बशर्ते उनके द्वारा सुझाए गए उम्मीदवार का चयन हो जाए। अगर आप पूरे महीने मेहनत कर किसी एक भी व्यक्ति को नियोक्ता द्वारा चयनित कराने में सफल हो जाती हैं तो आपको अच्छा-खासा पैसा एक ही बार में मिल जाता है। जरूरत है नौकरियों की वेबसाइटों से लेकर विभिन्न फोरमों, सामाजिक नेटवर्किंग साइटों और मित्रमंडली के बीच अच्छे कर्मचारियों के तलाश की। इस क्षेत्र में कुछ उपयोगी साइट्स इस प्रकार हैं—रेफरअनर्स, जायोइन, बीहायर, हायरमैजिक, हूजानों आदि।

ऑनलाइन सर्वे—वैसे तो हम सभी किसी-न-किसी को मुफ्त में अपनी राय देते ही रहते हैं, लेकिन यदि आपको अपनी राय देने के एवज में उसकी कीमत भी मिले तो कितना अच्छा रहेगा। जी हाँ, इंटरनेट में ऐसी कई ऑनलाइन सर्वे कंपनियाँ हैं, जो आपको आपकी राय की कीमत देती हैं। इन कंपनियों का मुख्य उद्देश्य होता है, आपकी राय जानकर अपने उत्पाद की गुणवत्ता को बढ़ाना। उत्पादों की गुणवत्ता बढ़ने से उन कंपनियों को फायदा होता है और उस फायदे का कुछ हिस्सा वे आपको आपकी राय की कीमत के रूप में देते हैं। इस प्रकार की अधिकांश कंपनियाँ अमरीका तक ही सीमित हैं, लेकिन कई बहुराष्ट्रीय कंपनियाँ अब हमारे देश भारत में भी सर्वे कराने लगी हैं। तो आइए जानें कि वे कौन-कौन सी कंपनियाँ हैं—

अमरीकन कंज्यूमर ओपिनियन—यह कंपनी संसार भर के देशों में सर्वे

कराती है और सर्वे करनेवाले अपने सदस्यों को उनके विचार और राय के बदले में रकम देती है। इस कंपनी की सदस्यता के लिए किसी भी प्रकार की फीस नहीं देनी पड़ती। आप भी इस कंपनी का सदस्य बन सकते हैं।

ब्रांड इंस्टीट्यूट—मुफ्त सदस्यता वाली इस कंपनी ने भी पूरे विश्व के देशों के लिए अपने दरवाजे खुले रखे हैं।

ग्लोबल टेस्टमार्केट—यह कंपनी भी संसार भर के देशों में सर्वे कराती है। इसका सदस्य बनने के लिए भी कोई फीस नहीं है।

मार्केटिंग इंटरनेशनल—सॉफ्टवेयर विश्लेषण करनेवाली इस कंपनी को भी योग्य सदस्यों की आवश्यकता रहती है।

सर्वे सावी—190 देशों से बनी लगभग 30,00,000 सदस्यों वाली यह कंपनी भी सन् 2000 से सर्वे कराने में लगी हुई है।

सर्वे मानिया—यह कंपनी भी आपके मत की उचित कीमत प्रदान करती है।

इन कंपनियों के अलावा और भी कई ऐसी कंपनियाँ हैं, जो सर्वे करवाकर उसकी कीमत अदा करती हैं, किंतु सदस्य बननेवालों से कुछ सदस्यता शुल्क लेती हैं। इंटरनेट में पेड सर्वे ऑनलाइन, सर्वे इनकम सिस्टम जैसी अनेक वेबसाइट भी हैं, जिन्होंने पैसे देकर सर्वे करानेवाली सैकड़ों कंपनियों की लिस्ट बनाकर रखी हुई है तथा वे उस लिस्ट को बेचती भी हैं। आप भी इन जानकारियों से लाभ उठाकर ऑनलाइन सर्वे कर पैसे कमा सकती हैं।

एफिलिएट प्रोग्राम—इंटरनेट के किसी व्यापारी के उत्पाद या सेवाओं को बढ़ावा देकर आमदनी प्राप्त करने को 'एफिलिऐट प्रोग्राम' कहते हैं, यानी कि आप इंटरनेट व्यापारी के डिस्ट्रीब्यूटर बन गए। इसमें आपको ज्यादा कुछ नहीं करना पड़ता, यहाँ केवल आपको संभावी ग्राहक को व्यापारी के वेबसाइट में भेजना होता है। इसके बाद यदि संभावी ग्राहक सामान खरीदकर वास्तविक ग्राहक बन जाता है तो आपका कमीशन पक्का हो जाता है। इस प्रोग्राम के अंतर्गत कोई दूसरा व्यक्ति उत्पादन करता है, उसे बेचने के लिए वेबसाइट बनाता है, आपको विज्ञापन सामग्री स्वयं प्रदान करता है, ग्राहक से लेन-देन भी स्वयं करता है और असंतुष्ट ग्राहक को समझाना या उसका पैसा वापस करना आदि भी उसी का सिरदर्द होता है। आपका ग्राहक से कोई सीधा संबंध नहीं होता है, यहाँ तक कि ग्राहक आपको जानता तक नहीं है। इसके बाद भी आपको आपका कमीशन मिलता रहता है। एक बार किसी इंटरनेट व्यापारी के एफिलिएट बन जाने के बाद आपको उसके उत्पाद

तथा वेबसाइट का प्रचार-प्रसार ही करना होता है। प्रचार-प्रसार कैसे करना है, उसका प्रभावी तरीका भी वे स्वयं ही आपको सुझाते हैं। उसके लिए समस्त सामग्री वे ही मुफ्त प्रदान करते हैं। लेकिन आपको इस बात का ध्यान अवश्य रखना होगा कि केवल एफिलिएट बन जाने से आमदनी शुरू नहीं हो जाएगी। इसके लिए आपको कठिन परिश्रम करना होगा। बिना परिश्रम किए कोई आमदनी नहीं हो सकती।

□

पेइंग गेस्ट रखें

अगर आपका घर काफी बड़ा है और रहनेवाले कम हैं, तथा बच्चे जॉब के सिलसिले में शहर से बाहर रहते हैं तो आप अपने बड़े घर का उपयोग पेइंग गेस्ट रखने के लिए कर सकती हैं। इससे एक तो आपकी कमाई भी अच्छी होगी और दूसरे आपका अकेलापन दूर होगा तथा घर में रौनक लगी रहेगी।

कैसे शुरुआत करें

सबसे पहले अपने घर के सभी सदस्यों के साथ मिलकर बातचीत करें और यह तय करें कि घर के कौन से हिस्से को आप रेंट पर देंगी। इसके बाद आप प्लानिंग करें कि आपको अपने यहाँ रहने वाले स्टूडेंट्स को क्या-क्या सुविधाएँ देनी हैं, जैसे कि उनके कमरे में एसी लगवाना, गीजर का प्रबंध करना, फर्नीचर में बेड, स्टडी टेबल आदि देना शामिल होता है। इन सभी सामानों की लिस्ट बनाने के बाद आप देखें कि आपके घर में से कौन सा सामान वहाँ रखने के लिए निकल सकता है और बाकी की शॉपिंग करें। यह भी हो सकता है कि आप नया सामान अपने इस्तेमाल के लिए ले लें और अपना पुराना सामान रेंट पर देनेवाले कमरे में रखवा दें। कमरों को तैयार करने के बाद प्रचार कर अपना काम शुरू करें।

प्रचार कैसे करें

- सबसे पहले रेंट तय कर लें और एक पैंफलेट छपवाएँ, जिसमें आपके यहाँ दी जानेवाली सुविधाएँ और कमरों के रेंट के बारे में जानकारी हो।
- इन पैंफलेट को बाँटने की जिम्मेदारी अपने लोकल न्यूजपेपरवाले को दें। उससे कहें कि वह हर संडे आनेवाली मैगजीन के साथ आपका यह पैंफलेट भी बाँटे, इससे आपका प्रचार होगा।

- अपने आस-पास के कॉलेजों में भी यह पैंफलेट बाँटें, ताकि ज्यादा-से-ज्यादा स्टूडेंट्स को आपके इस काम के बारे में जानकारी हो।
- अपने मिलने-जुलनेवालों और रिश्तेदारों को भी इस बारे में बताएँ, ताकि वे भी इस काम में आपकी मदद कर सकें।

इन बातों का भी ध्यान रखें

- लड़कियों के लिए वहाँ घर जैसा वातावरण रखें तो काम करना ज्यादा आसान हो जाएगा।
- वहाँ रहनेवाली लड़कियों की सुरक्षा की जिम्मेदारी आपकी ही है, इसलिए उन्हें घर आने की एक निश्चित डेडलाइन दें और उसे फॉलो करें। इस मामले में अगर आप थोड़ी स्ट्रिक्ट बनकर रहेंगी तो देर रात को दरवाजा खोलने और परेशान होने से छुटकारा मिल जाएगा।
- कुछ सुविधाएँ तो आपको देनी ही पड़ेंगी, जैसे कि गरमियों में कूलर, सर्दियों में गीजर, फ्रिज और टीवी आदि, इसलिए इनका इंतजाम पहले ही कर लें।
- प्रत्येक कमरे में लाइट और सामान रखने की पूरी व्यवस्था करें।
- प्रत्येक कमरे में कितने लोगों को जगह देनी है, यह निश्चित कर लें।
- पेइंग गेस्ट के तौर पर रहनेवालों के लिए बिजली, पानी से लेकर छोटी-छोटी जरूरतों और सुविधाओं को उपलब्ध कराना ही होगा।
- बेहतर होगा कि इन सब सुविधाओं के लिए आपके पास मिस्त्रियों का एक पैनल हो, जिसमें ऐसी टूट-फूट की मरम्मत करनेवाले हों। इससे फायदा यह होता है कि जरूरत पड़ने पर किसी भी वक्त एक कॉल करते ही वे हाजिर हो जाते हैं।
- बच्चों की सुविधा के लिए खाना बनानेवाली, कपड़े धोनेवाली, कपड़े प्रेस करनेवाली आदि का बंदोबस्त भी करना पड़ेगा। उसके लिए भी पहले से ही बात करें।
- यदि आप खाना बनाने का झंझट नहीं पालना चाहती हों तो किसी टिफिन सर्विस वाले से कॉन्टैक्ट कर लें।

□

ग्रूमिंग सेंटर

अपने आपको दूसरों के सामने प्रेजेंट करना भी एक कला है। किसी भी व्यक्ति की पर्सनेलिटी उसकी योग्यता का परिचय देती है। यही वजह है कि पर्सनेलिटी डेवलपिंग या ग्रूमिंग के प्रति हर आयु वर्ग के लोग सजग हो गए हैं और जगह-जगह ग्रूमिंग सेंटर खुल रहे हैं। साथ ही इसके लिए कई ऐसे कोर्स हैं, जिन्हें करके आप घर बैठे ही न सिर्फ लोगों की पर्सनेलिटी को निखार सकती हैं, बल्कि अच्छी कमाई कर अपना जीवन भी सँवार सकती हैं।

शुरुआत कैसे करें—सबसे पहले आप खुद को तराशें, क्योंकि जब आपकी पर्सनेलिटी प्रभावित करनेवाली होगी, तभी लोग आपके पास अपनी ग्रूमिंग के लिए आएँगे। इसके लिए आप चाहें तो पहले किसी संस्थान से पर्सनेलिटी ग्रूमिंग का शॉर्ट टाइम कोर्स कर लें। इससे आपको इस क्षेत्र की सभी बारीकियों के बारे में पता चल जाएगा और आप अच्छी तरह इस काम को कर पाएँगी।

कोर्स करें—ज्यादातर ये कोर्स सत्रों में बँटे होते हैं और एक या दो घंटे के होते हैं। इन्हें हर किसी की जरूरत के अनुसार तय किया जाता है और फीस भी विभिन्न सेंटरों में अलग-अलग होती है। एक बार यह कोर्स करने के बाद आप आसानी से घर से यह काम शुरू कर सकती हैं। इन कोर्सेज के अंतर्गत टेबल मैनर्स, एटीकेट्स, ग्रूमिंग आदि के साथ समाज में लोगों के साथ किस तरह व्यवहार करें, उसके बारे में विभिन्न मॉड्यूल्स से सिखाया जाता है। ये मॉड्यूल्स हर आय वर्ग व कॉरपोरेट लेवल या स्तर के अनुसार डिजाइन किए जाते हैं और आपको सिखाए जाते हैं।

कहाँ से करें

- ब्रिटिश स्कूल ऑफ लैंग्वेज, साउथ एक्सटेंशन

- कोमार्क एजुकेशन सर्विसेज, वसंत कुंज
- प्रयावैरिक फिनिशिंग स्कूल, न्यू फ्रेंडस कॉलोनी
- अनुराग अग्रवाल इंस्टीट्यूट ऑफ पब्लिक स्पीकिंग, लाजपत नगर, नई दिल्ली।
- एस्टीरो लिंगुआ, लाजपत नगर, नई दिल्ली।

अपनी नॉलेज कैसे बढ़ाएँ—पर्सनेलिटी डेवलपमेंट से संबधित कई पुस्तकें मार्केट में उपलब्ध हैं, जैसे कि कम्यूनिकेशन कला एवं बॉडी लैंग्वेज, लाइफस्टाइल ग्रूमिंग, बॉडी लैंग्वेज, बी स्मार्टी, ए कॉन्फिडेंस यू ए बिग डिफरेंस इन स्माल वेज आदि, आप चाहें तो इनका अध्ययन करके भी अपनी नॉलेज बढ़ा सकती हैं। समय-समय पर होने वाले सेमिनारों में भाग लेकर खुद को अपडेट रखें।

कितनी जगह—इस काम को करने के लिए आपको ज्यादा जगह की जरूरत नहीं है। आप अपने घर के किसी भी एक बड़े कमरे से इसकी शुरुआत कर सकती हैं।

क्या चाहिए—जिस कमरे में से आप अपना यह कोर्स शुरू करनेवाली हैं, वहाँ स्टूडेंट के बैठने का पूरा इंतजाम होना चाहिए। कुछ डेस्क या फिर कुरसी-मेज से भी काम चल सकता है। एक ब्लैकबोर्ड, पुस्तकें रखने के लिए एक रैक और बच्चों के पीने के लिए पानी का इंतजाम भी होना चाहिए। पर्सनेलिटी ग्रूमिंग से संबंधित कुछ अच्छी पुस्तकें भी आप खरीद सकती हैं। इससे छात्रों का हौसला बढ़ेगा और आपके पढ़ाने के तरीके का भी पता चलेगा।

क्या सिखाएँ

- किस तरह हँसें
- किस तरह चलें
- किस तरह बोलें
- टेबल मैनर्स
- कॉरपोरेट फाइनेंस एटीकेट
- एक अच्छा श्रोता कैसे बनें?
- आप किस तरह तैयार हों?
- आवाज व बोलने का अंदाज
- किसी पार्टी में कैसे व्यवहार करें?
- इंटरव्यू के दौरान किस तरह पेश आएँ?

- विभिन्न अवसरों पर किस तरह से तैयार हों?
- संवादों का आदान-प्रदान कैसे करें?
- किस तरह शिष्टता बनाए रखते हैं?
- इमेज बिल्डिंग एक्सरसाइज
- किस तरह दूसरों के साथ आई कॉन्टैक्ट बनाकर रखें?

क्या गुण होने चाहिए

- आपका व्यवहार ऐसा हो कि उससे संतुलन, शिष्टता व शालीनता झलके।
- व्यक्तित्व व व्यवहार से एक सौम्यता झलकनी चाहिए।
- छात्रों को पढ़ाने व समझाने की कला आनी चाहिए।
- धैर्य और संयम रखना भी जरूरी है।
- आपके कदम सधे हुए और चाल संतुलित होनी चाहिए।

कामयाबी का मंत्र—केवल कठिन परिश्रम से ही कामयाबी हासिल नहीं होती, उसके लिए ड्रेस सेंस, आपके उठने-बैठने का ढंग, मुसकान, चेहरे के भाव भी महत्त्वपूर्ण भूमिका निभाते हैं।

किससे संपर्क करें—अपने मिलने-जुलनेवालों और रिश्तेदारों से अपने इस काम के बारे में बताएँ। कुछ डेमो क्लास भी अपने आस-पास के लोगों को बुलाकर दें। आस-पास के लोगों से जब अच्छा रेस्पांस मिलने लगे तो कॉरपोरेट क्लाइंट से संपर्क करें। मार्केटिंग के लोगों के पास दिमाग व शिक्षा दोनों होती हैं, पर आत्मविश्वास व प्रोडक्ट को बेचने की कला न हो, तो सब व्यर्थ है, इसलिए ये कंपनियाँ भी अपने कर्मचारियों को प्रेजेंटेशन की कला सिखाने के लिए ट्रेनिंग प्रोग्राम देती हैं। इन कंपनियों से संपर्क करें और एयरटेल, एचडीएफसी, मार्केटिंग के लिए विभिन्न मॉड्यूल्स भी तैयार करें तथा इसके बारे में इन लोगों को बताएँ एवं अपने क्लाइंट तैयार करें।

ध्यान दें

- आपकी पर्सनेलिटी, आप किस तरह बात करती हैं, किस तरह चलती हैं, हाथों से इशारे करती हैं या मुसकराती हैं, के बहुत मायने होते हैं, इसलिए इन बातों का सदैव ध्यान रखें।
- आवाज व बोलने का अंदाज ग्रूमिंग का एक महत्त्वपूर्ण हिस्सा है, इसलिए ध्यान रखें कि न तो बहुत जल्दी बोलें और न ही इतनी धीरे कि सामनेवाले

को कुछ समझ में ही नहीं आए।

- जब कोई आपसे बात कर रहा हो, तो आपका सारा ध्यान उसी पर केंद्रित होना चाहिए। ऐसा न हो कि कोई आप से बात कर रहा हो और आपका सारा ध्यान किचन में ही लगा हो, इससे आपकी पर्सनेलिटी का विपरीत प्रभाव पड़ेगा कि जब आपकी खुद की पर्सनेलिटी ही अच्छी नहीं है तो आप बाकी लोगों को क्या सिखाएँगी?
- कभी भी दूसरों के सामने अपनी कमजोरी न झलकने दें।
- आप किस तरह के कपड़े और किस तरह पहनती हैं, यह बात भी आपके व्यक्तित्व के बारे में बताती हैं, इसलिए इन सभी चीजों का ध्यान रखें।

□

बिजनेस वूमेन मेकअप

अकसर कहा जाता है कि कामकाजी महिलाओं को ही सजने का शौक होता है। गृहिणियाँ तो पूरे दिन घर में अकेले रहती हैं, इसलिए वे सजने से बचती हैं। लेकिन जब घर बैठे महिलाओं को घर सँभालना और साथ ही बिजनेस भी सँभालना पड़ता है तो उनके लिए तो सजना-सँवरना और भी आवश्यक हो जाता है। घर से बिजनेस चलाने के लिए जरूरी है कि आप खुद भी आकर्षक दिखें, ताकि लोग आपके इस काम को गंभीरता से लें और आपके इस काम को सिर्फ टाइम पास न समझें। आपको देखकर उन्हें लगना चाहिए कि आप अपने क्लाइंट्स के साथ ढंग से बिजनेस कर सकती हैं।

कपड़ों का चयन सोच-समझकर करें—बिजनेस वूमेन को अपने लिए कपड़ों का चुनाव ऐसा करना चाहिए, जो कि वे घर में अपने काम के समय भी पहन सकें और अगर कोई क्लाइंट आ जाए तो उसे तुरंत चेंज भी न करना पड़े। कपड़े की क्वालिटी पर भी ध्यान दें। ऐसा नहीं होना चाहिए कि आप आराम कर रही हों और तभी कोई क्लाइंट आ जाए और आपको उनका स्वागत सिलवट पड़े सूट या साड़ी के साथ करना पड़े। इसके लिए जरूरी है कि आप पॉलिस्टर, क्रेप या फिर जॉरजेट की साड़ी या फिर सूट पहनें। साड़ी को सही ढंग से पिन-अप करके पहनें। उधड़ी हुई फॉलवाली साड़ी कतई न पहनें। साड़ी न तो ज्यादा हैवी होनी चाहिए और न ही बहुत लाइट होनी चाहिए। बार्डर पल्ले की सोबर साड़ी पहनें तो अच्छा रहेगा। आप सूट पहन रही हैं तो कोशिश करें कि आजकल मार्केट में आनेवाली सोबर कुरतियाँ अपने लिए खरीद लें। इनके साथ दुपट्टे लेने का भी चक्कर नहीं रहेगा और आप आराम से अपने घर का कामकाज भी निबटा सकती हैं तथा क्लाइंट भी अटेंड कर सकती हैं। आप चाहें तो जींस और ट्राउजर भी पहन सकती हैं, यह और भी ज्यादा कंफर्टेबल रहेगा।

ज्वेलरी का चयन—गोल्ड, डायमंड या कोई भी एक्सपेंसिव ज्वेलरी घर पर न ही पहनें तो अच्छा है, क्योंकि यह आपके लिए बिल्कुल भी सुरक्षित नहीं है। आपसे मिलने-जुलनेवाले हर तरह के लोग होंगे और आप उन्हें जानती भी नहीं होंगी। ऐसे में इस तरह की ज्वेलरी पहनना ठीक नहीं है। आप अपनी ड्रेस से मैच करती हुई कोई भी जंक ज्वेलरी या फिर आर्टिफिशियल ज्वेलरी पहन सकती हैं। ज्वेलरी लाइटवेट होनी चाहिए, ताकि उससे घर के कामकाज में भी कोई परेशानी न हो। ज्वेलरी फैशन के अनुरूप होनी चाहिए।

फुटवियर्स का चयन—अकसर देखने में आता है कि हम अपनी फुटवियर को लेकर लापरवाह हो जाते हैं। लेकिन यह आपको समझना होगा कि अब आप केवल एक घरेलू महिला नहीं हैं, जो कि घर में दिन में रबड़ की चप्पल पहने रहती हैं, बल्कि अब आप बिजनेस वूमेन हैं, जिसका कई लोगों के बीच उठना-बैठना है, लोगों का आना-जाना घर में लगा रहता है। ऐसे में पैरों की सफाई और पहनी जानेवाली स्लीपर का विशेष ध्यान रखें। कहीं कोई आपको भी यह जुमला न मार दे कि 'ऊपर से राजरानी, पैरों से नौकरानी'। सैंडिल व चप्पलें टूटी-फूटी न पहनें। हाई हील की जगह फ्लैट या मीडियम हील ही पहनें। घर पर भी फुटवियर हमेशा कंपनी के ही पहनें। ये देखने में भी सुंदर लगते हैं और मजबूत भी होते हैं। अपनी चप्पलों को समय-समय पर साफ भी करती रहें।

मेकअप—दिन के समय मेकअप को हलका रखें, वह भड़काऊ नहीं लगना चाहिए। मेकअप को सलीके से करें। रात के समय थोड़ा डार्क कलर का मेकअप कर सकती हैं। घर में बहुत डार्क कलर की लिपिस्टक न लगाएँ। कोई लाइट शेड या फिर लिप ग्लोस लगाना सही रहेगा। बालों को पूरे दिन खुला न रखें, उन्हें ढंग से सँवार कर ही रखें। उनका जूड़ा बना लें या फिर पोनीटेल बनाकर रखें। आप चाहें तो बाल छोटे भी रख सकती हैं, उन्हें सँवारना आसान काम है। बालों में नियमित रूप से शैंपू व कंडीशनर करें। थ्रेडिंग, मैनीक्योर, पेडीक्योर, फेशियल आदि समय-समय पर कराती रहें, ताकि आपकी त्वचा खिली-खिली और चमकदार रहे। साथ ही हर रोज तन की दुर्गंध से बचने के लिए घर में टेलकम पाउडर, डियो और परफ्यूम का प्रयोग करने की आदत भी डालें।

बातचीत का सलीका—बातचीत करने का तरीका कुछ ऐसा होना चाहिए कि सामनेवाला आपसे इंप्रेस हुए बिना न रह सके। आपको अपने काम के बारे में पूरी जानकारी होनी चाहिए। सबसे पहले आप ग्राहक की सारी बातों को ध्यान से सुनें और उसकी सारी जिज्ञासाओं को जान लें तथा उसके बाद ही अपना पक्ष रखें।

अगर ग्राहक आपसे कुछ पूछ रहा है तो आप उसे अच्छी तरह समझाएँ। अगर वह आपके काम की कुछ शिकायत भी कर रहा है तो आपकी बातचीत कुछ ऐसी होनी चाहिए कि आपको बुरा नहीं लग रहा, बल्कि आप उसकी बात को समझने की कोशिश करें कि आपके काम में कहाँ कमी रह गई। उसे इस बात का आश्वासन भी दिलाएँ कि अगली बार आपके काम में कोई कमी नहीं होगी। आपके इस नम्र व्यवहार और बोलचाल को देखकर वह अवश्य प्रभावित होगा तथा इस व्यवहार के चलते आपको काम में जल्दी से सफलता मिलेगी। अपनी मीठी बातों और स्मार्ट व्यक्तित्व से सामनेवाले का दिल जीतने की कोशिश करेंगी तो अवश्य अपने शुरू किए हुए काम में सफल होंगी।

□

पैट्स

कुत्ते पालना अगर आपका शौक है और आप उसे अपने बच्चे की तरह प्यार करती हैं तो आप अपने इस शौक को आमदनी का जरिया भी बना सकती हैं। आजकल तमाम फैशनेबल चीजों के साथ विदेशी नस्ल के खूबसूरत कुत्ते शोभा बढ़ाते देखे जा सकते हैं। इसकी वजह यह है कि शहरों में कुत्ते पालने का क्रेज बढ़ रहा है। पहले यह चलन उच्च वर्ग में ही था, लेकिन देश की आर्थिक तरक्की ने मध्यम वर्ग में भी संपन्नता को बढ़ाया है। इसके चलते यह वर्ग भी कुत्ते पालने का शौकीन हो गया है। लोगों के इस शौक ने अब बाजार की शक्ल ले ली है।

पैसा कितना लगेगा—कुत्ते पालने के शौक को जब आप व्यवसाय का रूप देना चाहेंगी तो आप को 50 से 60 हजार रुपए की जरूरत पड़ेगी। आप चाहें तो 20 से 30 हजार रुपए से भी यह व्यवसाय शुरू कर सकती हैं। वैसे तो यह कीमत कुत्ते की नस्ल पर निर्भर करेगी कि आप कितने महँगे कुत्ते पालना चाहती हैं।

शुरुआत में क्या करें—इस काम को शुरू करने के लिए आपको एक मेल और तीन-चार फीमेल पप्स रखने की जरूरत पड़ेगी। कुत्तों की अनेक नस्लें या ब्रीड्स हैं। लेकिन प्रारंभ में मीडियम ब्रीड के डॉग्स से ही अपना कार्य शुरू करना चाहिए। मीडियम ब्रीड के कुत्तों में जर्मन शेफर्ड, लेबराडोर, डालमेशियन, बॉक्सर, ग्रेटडेन आदि प्रमुख हैं। इनकी एक पप्स 8-10 हजार में मिल जाती है। नए लोगों को तीन तरह की फीमेल पप्स से काम प्रारंभ करना चाहिए, जिसे बाहर क्रॉस कराया जा सके, क्योंकि उन तीनों के लिए अलग-अलग उनकी श्रेणी के पप्स लेना बजट को बढ़ा देगा। कुल मिलाकर लगभग 30-35 हजार की लागत पप्स को खरीदने में आएगी।

पालने के लिए जगह कितनी—पप्स को आप अपने ही घर के एक या दो कमरे में रख सकती हैं, लेकिन कोशिश करें कि पप्स का कमरा बच्चों के कमरे के

पास या फिर ड्राइंगरूम के एकदम पास न हो, नहीं तो आने-जानेवाले लोगों और बच्चों को परेशानी हो सकती है। पैट को गरमी भी ज्यादा लगती है, इसलिए उस कमरे में खिड़की भी हो, ताकि फ्रेश एयर कमरे में आती रहे। उनकी खुराक व खर्चे के लिए 15-20 हजार रुपए की जरूरत पड़ेगी।

एक्सेसरीज—आपके कुत्ते के लिए बाजार में कई तरह की एक्सेसरीज भी उपलब्ध हैं। सर्दियों से बचाव के लिए शूज, कोट, स्वेटर के साथ ही पपी कॉलर सेट, चेन और बेल्ट की भी वाइड रेंज बाजार में मौजूद है। पपी के लिए कई तरह के खिलौने भी आते हैं, जैसे म्यूजिकल बॉल, टॉय रिंग, प्लास्टिक बोन आदि।

पैट पार्लर—आज का डॉगी नेल फाइल करवाता है, शैंपू करवाता है और पार्लर में मसाज का मजा लेता है। पैट पार्लर में कुत्तों की ग्रूमिंग, हेयर क्लिपिंग, जिसमें ब्रीड के हिसाब से स्पेशल हेयरस्टाइल बनाई जाती है, कंडीशनिंग बाथ, मसाज, स्पांजिंग, क्लीनिंग की जाती है। इसके अलावा इनके पास कुत्तों के लिए खास डियोडेरेंट और परफ्यूम्स भी हैं, जो मेल डॉग और फीमेल डॉग के लिए अलग-अलग होते हैं। इनमें हर्बल स्प्रे भी शामिल हैं।

आमदनी—इस काम में मुख्यत: पप्स की बिक्री होती है। अपने पप्स को आप प्रतियोगिता में भी उतार सकती हैं। इसके अलावा मेल व फीमेल को क्रॉस कराकर भी अपनी आमदनी को बढ़ा सकती हैं। मेल व फीमेल को क्रॉस कराने के बाद डिलीवरी में लगभग दो माह का समय लगता है। आमतौर पर एक कुत्ते की उम्र 12 से 14 साल की होती है और करीब 8 वर्ष में एक फीमेल डॉग बच्चे को जन्म दे सकती है। एक बार में एक फीमेल 7 से 10 पप्स को जन्म दे सकती है और 10 बार माँ बन सकती है। इस तरह 4 फीमेल साल में लगभग 30 बच्चे को जन्म देंगी। इनकी बिक्री से लगभग 2 लाख रुपए की आमदनी हो सकती है। इनपर सालाना खर्च लगभग 40-50 हजार रुपए का आता है। उसे काटकर 15-20 हजार रुपए से अधिक की मासिक आमदनी होती है।

सावधानियाँ

- कुत्तों को पालना एक अच्छी आमदनी का जरिया हो सकता है, लेकिन इसके साथ कुछ बातों का ध्यान रखना भी जरूरी होता है। जैसे कि ब्रीड जाने-माने ब्रीडर से सलाह लेकर ही खरीदना चाहिए, क्योंकि वही पालन-पोषण के बारे में पर्याप्त जानकारी दे सकता है।
- समय-समय का टेंपरेचर लेते रहना चाहिए, ताकि उनके स्वास्थ्य के बारे

में जानकारी मिलती रहे।

- किसी वैटेरनरी डॉक्टर से भी संपर्क रखना चाहिए, ताकि कुत्ते की तबीयत खराब होने पर तुरंत उपचार किया जा सके।
- कुत्तों की साफ-सफाई पर भी ध्यान देना चाहिए।

पैट के लिए क्या है खतरनाक—कई बार हम चॉकलेट खाते-खाते अपने प्यारे डॉगी के मुँह में दे देते हैं, लेकिन क्या आपको पता है कि चॉकलेट डॉगी के लिए जहर है। टिन फायल या फिर सेलोफेन कैंडी रेपर निगल जाने पर डॉग की जान भी जा सकती है, क्योंकि ये चीजें कुत्ते की आँतों में फँस जाती हैं।

- पैट्स फ्ल्यूड की खुशबू की तरफ जल्दी आकर्षित हो जाते हैं और अगर वह इन्हें चख लें तो उनकी जिंदगी को खतरा हो जाता है। इसलिए आप ध्यान रखें कि आपकी गाड़ी में फल्यूड न निकल रहा हो।
- अगर आपके डॉगी के पास जलता दीया या मोमबत्ती रखा हो तो वह शरारत करते हुए उसे पूरे घर के जलने का कारण भी बन सकता है, इसलिए ध्यान रखें कि डॉगी के पास जलती हुई ये चीजें न छोड़ें
- अगर आपके घर कोई गेट-टू-गेदर होनेवाला हो और बहुत से लोग आ रहे हों तो जबरदस्ती डॉगी को उनसे मिलवाने की कोशिश न करें उसे अलग कमरे में रखें, क्योंकि वह इतने सारे अजनबियों को देखकर घबरा सकता है।
- गरमी में पैट को गैरेज या कमरे में बंद न करें, इससे ये बेहोश भी हो सकते हैं।
- खाने के बाद न तो पैट को एकदम घुमाएँ और न ही व्यायाम कराएँ, क्योंकि यह उनकी सेहत के लिए हानिकारक होता है।
- अपने पालतू कुत्ते को हमेशा ज्यादा शोर से बचाने की कोशिश करें। अगर ऐसा हो तो घर के दरवाजे बंद रखें।
- अगर आप अपने कुत्ते को कोई कपड़ा पहनाना चाहती हैं और वह इसके लिए मना कर रहा है तो उसके साथ जबरदस्ती न करें, क्योंकि ऐसा करने से कई बार जानवर की मानसिक स्थिति पर प्रभाव पड़ता है।

गरमी में अपने पैट्स की देखभाल

- गरमी में अपने पैट्स को कभी गाड़ी में अकेला न छोड़ें। धूप में पार्किंग करने से गाड़ी जल्दी गरम हो जाती है। इससे आपको घुटन लगने लगेगी,

इसलिए कोशिश करें कि गाड़ी छाया में खड़ी करें।

- पैट्स को कड़कड़ाती गरमी में व्यायाम न कराएँ। अगर वह करने में आनाकानी करे तो कराने की जिद न करें।
- पैट्स को तालाब में लेकर न जाएँ, अगर लेकर जाएँ तो तुरंत साफ पानी से नहला दें।
- पैट्स के लिए ठंडा पानी साथ में रखें, ऐसा न हो कि पानी की कमी के कारण पैट्स को डिहाइड्रेशन हो जाए।
- पैट को गरम छत या गरम फर्श पर खड़ा न करें, इससे उसके पैर जल सकते हैं।
- ज्यादा भारी और ज्यादा उम्र के पैट्स को देखभाल की ज्यादा जरूरत होती है, जैसे बुलडॉग, पग्स, बास्टन टैरिज आदि।
- दिल और लिवर की परेशानीवाले पैट्स को स्पेशल एसी रूम में रखें या फिर ठंडी जगह पर रखें।

फेमस पैटडॉग

डाबरमैन—इस पैटडॉग का इस्तेमाल भी सुरक्षा के लिहाज से किया जाता है।

जर्मन शेफर्ड—पैट डॉग्स की यह सबसे पॉपुलर ब्रीड है। यह वाच डॉग है और इसे खासतौर पर सुरक्षा के लिए रखा जाता है।

लेब्राडोर—यह डॉग दिखने में काफी भारी-भरकम आकृतिवाला लगता है, लेकिन यह काफी प्यारा होता है और बच्चों के साथ खेलने में इसे मजा आता है।

पामेरियन—यह जर्मन स्पिट्ज ब्रीड है, जो आमतौर पर लोगों के पास होती है, लेकिन पामेरियन जैसा दिखने की वजह से इसे 'पामेरियन' कहा जाता है।

पग—हच के ऐड में देखने के बाद से ही यह काफी पॉपुलर हो गया है। इसकी कीमत में काफी उछाल आया है। यह भी लेबल और स्वीट पैट की श्रेणी में आता है।

□

अचार बनाएँ, पैसा कमाएँ

क्या आपके पड़ोसी और रिश्तेदार आपके हाथों का बना अचार खाने के लिए तरसते रहते हैं और हमेशा उनकी फरमाइश रहती है कि आप उनके लिए अचार डाल दें? अगर ऐसा है तो इसका मतलब आपके हाथ में वह स्वाद है, जो भोजन का जायका और भी बढ़ा सकता है; क्योंकि खाना अचार, चटनी के बिना अधूरा होता है और आप उस स्वाद को बढ़ाने का हुनर रखती हैं। तो फिर सोच क्या रही हैं, अपने इस हुनर को क्यों न कमाई का जरिया बना लें? आइए जानें, कैसे अचार बनाकर पैसा कमाया जा सकता है।

ट्रेनिंग—अचार डालने के लिए किसी भी तरह की ट्रेनिंग लेने की जरूरत नहीं है। आप चाहें तो अपने घर की किसी बुजुर्ग महिला, जो खाना अच्छा बनाती हों और अचार भी अच्छा डालती हों, से यह काम सीख सकती हैं। चाहें तो कुकरी क्लासेज भी ले सकती हैं। लेकिन यह भी सच है कि किसी भी क्षेत्र में काम करने के लिए प्रोफेशनल गुण होना आवश्यक है। यूँ तो स्कूल-कॉलेज में भी स्कूल व कॉलेज शिक्षा में होमसाइंस विषय के तहत यह सब सिखाया जाता है। सरकारी सहायता से चलनेवाले आँगनवाड़ी व प्रौढ़ शिक्षा केंद्रों पर भी इसकी ट्रेनिंग की व्यवस्था है। इसके अलावा कई प्राइवेट कुकिंग सेंटर हैं, जहाँ महिलाओं को अपने मनमाफिक कोर्स की ट्रेनिंग दी जाती है।

कैसे करें व्यवसाय—आज बाजार में कई कंपनियों के डिब्बाबंद अचार मिलते हैं, फिर भी लोग घर पर बना अचार ही खाने के लिए ढूँढ़ते हैं। इसलिए अगर आपके हाथ में अचार बनाने का हुनर है तो अपने इस हुनर को कम लागत से ही व्यवसाय को रूप दे सकती हैं। सबसे पहले अचार में डलनेवाले मसालें कूट-पीसकर घर में ही तैयार करें और फिर आम के खट्टे-मीठे अचार से व्यवसाय की शुरुआत करें।

अचार कैसे-कैसे—अचार के कई रंग और किस्में हैं जिनमें से कुछ हैं, आम का अचार, नींबू का अचार आदि। इसी तरह मिक्स वेज, आँवला, मशरूम, गाजर, मूली, शलगम, टींट, मिर्च आदि का प्रयोग कर भी अचार को किसी भी तरह खट्टा-मीठा किया जा सकता है।

शुरुआत करने के लिए—इस काम को शुरू करने के लिए आपको बहुत ज्यादा पैसा खर्च करने की जरूरत नहीं है। इसे आप लगभग 1000 से 1500 रुपए से शुरू कर सकती हैं। अचार डालने के लिए आपको बड़े भिगोने और बरनियों की जरूरत होती है तथा अचार को बेचने के लिए छोटी बोतलों की जरूरत होती है। इसके अलावा कच्चा हरा आम, नींबू या दूसरी सब्जियाँ, मसाले और तेल आदि खरीदने पड़ते हैं।

किस मौसम में कौन सा अचार डालें—अचार का बिजनेस शुरू करने के लिए पहले उसके बारे में पूरी जानकारी ले लें कि किस मौसम में कौन सा अचार डाला जाता है। जैसे आम का अचार सर्दियों में नहीं डाला जाता। यह गरमियों में जून माह के आस-पास डाला जाता है। इन दिनों गाजर, प्याज, शलगम, मूली, फूल गोभी, अदरक, नींबू का अचार डाला जा सकता है। अचार जल्दी से खराब नहीं होते। एक सीजन में डाला गया अचार दूसरे सीजन तक आसानी से चल जाता है। नींबू का अचार तो जितना पुराना होता है, उतना ही अच्छा होता है। पुराना नींबू का अचार तो पेट दर्द में भी राहत देता है, इसलिए आपको यह सब बातें पता होनी चाहिए।

प्रचार कैसे करें—इस काम के शुरुआती दौर में आप अपने मिलने-जुलने व रिश्तेदारों से इसके लिए ऑर्डर लें। इसके अलावा आप अपनी कॉलोनी में अपनी सहेलियों को कहें कि आप अपने घर एक 'गेट टू गेदर' रख रही हैं। उसमें आप चाय के साथ मट्ठी का प्रोगाम रखें और उन्हें अपने डाले हुए अचार के साथ परोसें। जब महिलाएँ खुद आपके बनाए हुए अचार को टेस्ट करेंगी तो आपकी तारीफ भी होगी, फिर आप उन्हें बताएँ कि आपने अचार डालने का काम शुरू किया है। इस तरह तभी आपको कुछ ऑर्डर मिल जाएँगे। इसके अलावा अपने आस-पास के मार्केट में जाकर दुकानदारों से बात करें और उन्हें बोलें कि वे सैंपल के तौर पर आपके बनाए अचार के पैकेट भी लोगों को दें। इससे भी आपको अच्छा ऑर्डर मिल सकता है। इसी तरह रेस्टोरेंट के मालिकों और किराने के दुकानदारों से संपर्क करें। स्कूल या घर के आस-पास लगनेवाली प्रदर्शनियों में अचार का स्टॉल लगा सकती हैं। यही नहीं, आजकल लड़कियों और महिलाओं में अचार डालना सीखने का काफी क्रेज है। आप अपने घर पर ही ट्रेनिंग स्कूल खोलकर दो से तीन घंटे का

प्रशिक्षण देकर भी अपने कारोबार में वृद्धि कर सकती हैं।

आमदनी—गाजर शलगम का अचार मार्केट में 100-110 रुपए प्रति किलो के हिसाब से बिकता है। आप चाहें तो अपने बनाए अचार की कीमत मार्केट से कुछ कम रखें, इससे लोगों का रुझान आपके अचार की तरफ बढ़ेगा। कुल कमाई मिलने वाले ऑर्डर पर निर्भर करती है। काम के बढ़ जाने पर दूसरी महिलाओं को भी इस काम के लिए रख सकती हैं और अच्छे स्टोर्स में अच्छी कीमत पर सप्लाई कर सकती हैं। वैसे आप शुरुआत में 3500 से 5000 तक कमा सकती हैं, फिर जैसे-जैसे काम बढ़ेगा, कमाई भी बढ़ेगी।

कच्चा माल—सब्जियाँ, गोभी, शलगम, अदरक, मिर्च, आम आदि जिन भी सब्जियों के अचार आपको डालने हों, उन सभी मौसमी सब्जियों को इकट्ठा कर मंडी से खरीदें। मसाले भी इकट्ठा खरीदें, लेकिन कुछ मसाले साबुत खरीदें, जैसे मिर्च, धनिया आदि और उन्हें फ्रिज में सेफ रख दें। इससे वे खराब नहीं होंगे और जब भी जरूरत पड़े तो फ्रिज से निकालकर उन्हें मिक्सी में पीस दें। इससे वे खराब नहीं होंगे। कच्चे आम की कटाई मंडी में अपने सामने कराएँ।

ध्यान दें

- अचार डालने के बाद उसे धूप लगाना जरूरी होता है, इसलिए इसका विशेष ध्यान रखें।
- धूप में अचार रखना हो तो इसे ढककर रखें, वरना बाहर की धूल-मिट्टी से अचार में किरकिरी भी आ सकती है, यदि अचार बाहर रखा हो तो उसे नेट के पट्टे या कॉटन कपड़े से ढककर रखें।
- अचार डालने से पहले बरनियों को धोकर साफ कर लेना चाहिए और उन्हें धूप में सुखाकर ही अचार भरें, ताकि उसमें किसी भी प्रकार की नमी व बदबू न रह जाए।
- आम का अचार लंबे समय तक टिक जाता है, लेकिन शलगम, गोभी के अचार का स्वाद मार्केट में आते-आते बदल जाता है, इस बात का ध्यान रखें।
- अचार डालते समय साफ-सफाई का विशेष ध्यान रखें।

□

आलू चिप्स–स्वरोजगार

आलू के चिप्स हर उम्र के लोगों को पसंद होते हैं। बच्चे तो इसके दीवाने होते हैं, इसलिए आलू चिप्स को बनाने का काम महिलाएँ स्वरोजगार के रूप में अपना सकती हैं, क्योंकि इसमें पूँजी का निवेश भी ज्यादा नहीं करना पड़ता। आप छोटे पैमाने से शुरू कर इस काम को धीरे-धीरे अपनी सुविधा के अनुसार बढ़ा सकती हैं और अपनी मेहनत के अनुसार जितना चाहें, उतना कमा सकती हैं।

जरूरी सामान

- कुछ बड़े बरतन, जैसे आलू उबालने के लिए भगोने या पतीले और छानने के लिए बड़ी छलनी।
- आलू छीलने और काटने के लिए आजकल मार्केट में कई तरह की मशीनें आती हैं। आप चाहें तो इस तरह के आलू कटर का इस्तेमाल कर सकती हैं।
- आलू में डालने के लिए पाउडर
- आलू उबालने के लिए गैस
- चिप्स को सुखाने के लिए धूप
- सोडियम मेटाबाइसल्फाइड
- नमक
- चिप्स सुखाने के लिए बड़े पोलीथीन या फिर चादर।

जगह कितनी चाहिए

इस रोजगार को शुरू करने के लिए आपको ज्यादा जगह की जरूरत नहीं

होती है, आप चाहें तो अपने घर के किसी एक बड़े कमरे से ही इसकी शुरुआत कर सकती हैं। कमरे में भट्टी या गैस, मशीनें आप चाहें तो छोटी भी ले सकती हैं, बरतन आदि को रखने के लिए जगह होनी चाहिए। इसके साथ ही चिप्स बन जाने पर उन्हें सुखाने के लिए धूप की जरूरत होती है, क्योंकि बिना धूप के आपके चिप्स नहीं बन पाएँगे।

प्रशिक्षण की जरूरत

आलू के चिप्स का रोजगार शुरू करने के लिए कुछ हुनर की जरूरत पड़ती है। इसके लिए आप किसी परंपरागत संस्थान से प्रशिक्षण प्राप्त कर सकती हैं। दिल्ली के आंचलिक बहुउद्देशीय प्रशिक्षण केंद्र, खादी ग्रामोद्योग आयोग, गांधी दर्शन, राजघाट से संपर्क कर सकती हैं। यहाँ पर आलू के चिप्स बनाने का प्रशिक्षण दिया जाता है। आप किसी प्राइवेट संस्थान से भी यह काम सीख सकती हैं और अगर आप चाहें तो अपनी माँ या दादी-नानी से भी यह काम सीख सकती हैं, क्योंकि अपने अनुभव का जो हुनर वे आपको सिखा सकती हैं, वह किसी संस्थान में नहीं मिलता।

सहयोग लें

शुरुआत में यह काम आप अकेले कर सकती हैं, लेकिन जैसे-जैसे काम बढ़ेगा, इस काम में आपको और भी लोगों की जरूरत पड़ेगी। आप चाहें तो अपने घर के लोगों को ही इस काम में मदद के लिए कह सकती हैं या फिर आस-पड़ोस की 4-5 औरतों को इस काम के लिए रख सकती हैं।

कमाई—एक चिप्स के पैकेट का मूल्य 10 रुपए से लेकर 50 रुपए तक होता है। अपने चिप्स की क्वालिटी के आधार पर ही उसकी कीमत तय करें। आपकी कमाई बिक्री पर भी निर्भर करेगी।

कहाँ बेचें

इन चिप्स को बेचने की शुरुआत आप अपने आस-पड़ोस से भी कर सकती हैं और अपने रिश्तेदारों को भी फोन के जरिए अपने इस नए काम के बारे में बता सकती हैं। इन चिप्स को आप थोक के भाव से भी बेच सकती हैं। इसके लिए आपको बड़ी कंपनियों से भी संपर्क करना होगा। जहाँ आपका माल लाखों में खरीदा जा सकता है। इसके अलावा अपने एरिया के लोकल दुकानदारों से भी

संपर्क कर सकती हैं। इसके अलावा दिवाली मेले, तीज मेले, एग्जीबिशन, स्कूलों में लगनेवाले मेले आदि में भी अपने चिप्स बेच सकती हैं।

ध्यान दें

- आलू के चिप्स बनाते समय कच्ची चिप्स को जिस पानी में डुबोते हैं, उस पानी में हल्दी डाल देने से चिप्स काले नहीं पड़ते।
- आलू के चिप्स उबालते समय ध्यान रखें कि वे ज्यादा न उबल जाएँ नहीं तो वे सारे चिप्स टूट जाएँगे।
- आलू के चिप्स कच्चे न रहने पाएँ, नहीं तो वे सूखने पर काले पड़ जाएँगे।
- आलू के चिप्स अच्छी तरह सुखाकर ही रखें, नहीं तो फंगस लगकर वे खराब हो जाएँगे। बारिश के मौसम के जाने के बाद चिप्स को एक बार धूप में रख दें तो इनकी सेल्फ लाइफ और भी बढ़ जाती है।
- चिप्स की कटाई व उनकी समान मोटाई के लिए भी मशीनों का उपयोग करना अच्छा रहता है।
- चिप्स बनाते समय साफ-सफाई का विशेष ध्यान रखें, क्योंकि अगर आपके चिप्स की क्वालिटी अच्छी होगी तो खरीददार मिलने में भी दिक्कत नहीं होगी।
- आलू के चिप्स को आप कई शेप में भी बना सकती हैं ताकि वे अट्रेक्टिव लगें।
- चिप्स की पैकिंग भी अच्छी होनी चाहिए, ताकि वे टूटे नहीं और देखने में भी सुंदर लगें।

□

पॉटरी के संग बनाएँ कॅरियर

अगर आप कुछ अलग हटकर करना चाहती हैं और डिजाइनिंग में आपकी रुचि है तथा आप कल्पनाओं के जरिए कुछ बेहतर बनाने का जज्बा रखती हैं, तो आप पॉटरी डिजाइनिंग भी कर सकती हैं। इसके लिए आपको कहीं बाहर जाने की भी जरूरत नहीं है। यह काम आप अपने घर से भी शुरू कर सकती हैं।

ट्रेनिंग—पॉटरी डिजाइनिंग, पॉटरी मेकिंग और सिरेमिक डिजाइन में सर्टिफिकेट और पोस्ट ग्रेजुएट डिप्लोमा कोर्स कर सकती हैं। ये कोर्स इंदिरा गांधी राष्ट्रीय मुक्त विश्वविद्यालय, नई दिल्ली से कर सकती हैं। साउथ दिल्ली पॉलिटेक्निक फॉर वूमेन और लक्ष्य वूमेन पॉलिटेक्निक आदि में पॉटरी की कक्षाएँ लगती हैं।

किससे मिलें—घर के आस-पास त्योहारों पर लगनेवाले मेलों में इसकी प्रदर्शनी लगाएँ। बड़े स्तर पर काम करने के लिए अलग-अलग होटलों के डिजाइनरों और आर्किटेक्ट से संपर्क बनाएँ। आर्किटेक्ट के पास घरों और कार्यालयों के प्रोजेक्ट होते हैं, जिनका वे ऑर्डर दे सकते हैं। इसके अलावा पर्यटन स्थलों और विदेशी दूतावासों में संपर्क करें। क्राफ्ट बाजारों में प्रदर्शनियाँ लगाएँ, ताकि आपके काम को मान्यता मिल सके।

क्या-क्या आइटम बना सकती हैं—बुद्ध, महावीर, कृष्ण व अन्य भगवान् की प्रतिमाएँ, मोढ़ो, चेयर, फ्लावर वेज, पेंटिंग्स, शो पीस आइटम आदि आप बना सकती हैं। इसके अलावा जितनी अपनी क्रिएटिविटी का इस्तेमाल करेंगी, उतनी ही नए-नए डिजाइन के आइटम बना पाएँगी।

कमाई—छोटे से छोटा शो पीस भी 50 रुपए से कम में नहीं बिकेगा। फ्लावरवेज भी सभी रेंज में बिकते हैं, जैसे 100 रुपए से लेकर 1000 रुपए तक। प्रतिमाओं के रेट भी कई हजार तक जाते हैं। बड़े होटलों से ऑर्डर मिलने पर

पॉटरी का एक-एक आइटम 30-30 हजार रुपए तक में बिक जाता है।

कच्चा माल—इन्हें बनाने के लिए मिट्टी, रंग, रेजिन, ब्रश आदि इस्तेमाल में लाए जाते हैं। ये सभी सामान आप एक साथ थोक में खरीदेंगी तो सस्ता मिलेगा।

कैसे करते हैं—आपके मन में जो भी डिजाइन चल रहा है, सबसे पहले उसे कागज पर उतार लें और एक खाका खींच लें। पॉटरी की अलग-अलग चीजों के लिए अलग-अलग मिट्टी इस्तेमाल में लाई जाती है। हलके आइटम बनाने के लिए कोलकाता की मिट्टी इस्तेमाल में लाई जा सकती है। वैसे यमुना की मिट्टी भी इस्तेमाल में लाई जा सकती है, यह काफी आसानी से मिल जाती है। इस तरह आप पहले यह तय कर लें कि आपको किस आइटम के लिए कौन सी मिट्टी इस्तेमाल में लानी है। मिट्टी के चयन के बाद उसे आकार देने और डिजाइनिंग का काम करना होता है। आकार देने में हफ्तों लग जाते हैं। डिजाइनिंग का काम भी गीली मिट्टी पर ही किया जाता है। यह काम मिट्टी के सूख जाने के बाद नहीं किया जा सकता है। डिजाइनिंग करने के बाद आइटम को छाया में सुखाने की प्रक्रिया शुरू होती है। इसमें भी कम-से-कम 10 से 15 दिन तक लग सकते हैं। पहले आइटम का बेस बनाया जाता है। इसके बाद उसे मेटालिक या वुडन फिनिश दी जाती है। आखिर में उसे वाटरप्रूफ़ करने के लिए उस पर सिलिकॉन का कोट किया जाता है। इसके बाद ही यह आइटम बाजार में आने के लिए तैयार होता है। इस पूरी प्रक्रिया में महीनों लग जाते हैं। मूर्तियों को रेजिन में बनाया जाता है, ताकि वे टूटने न पाएँ।

गुण

पॉटरी का काम करने के लिए आपमें कल्पनाशीलता का होना जरूरी है, ताकि आप अपनी कल्पना का प्रयोग कर नए-नए डिजाइन गढ़ सकें।

- अपने काम के प्रति लगाव होना चाहिए और रचनात्मकता होनी चाहिए।
- शुरुआती दौर में आपको अपने काम के लिए भाग-दौड़ करनी पड़ सकती है, लेकिन इस बात का ध्यान रखें कि एक बार कहीं से ऑर्डर मिल जाने के बाद क्वालिटी का पूरा ध्यान रखें, क्योंकि एक बार जिसने ऑर्डर दिया है, दोबारा ऑर्डर वह तभी देगा, जब वह आपके काम से संतुष्ट होगा।
- काम में बारीकी और सफाई का होना बहुत जरूरी है, तभी यह ग्राहकों

को अपनी ओर आकर्षित कर सकेगा और आप मार्केट में अपनी एक अलग पहचान बना सकेंगी।

- धैर्य का परिचय देना इस काम के लिए बहुत आवश्यक है, क्योंकि यह बहुत नाजुक काम है, इसलिए इसे आराम से ही करें। इसमें समय भी अधिक लगता है, इसलिए बेसब्र न हो जाएँ।
- एक बात का ध्यान रखें कि कम बनाएँ पर अच्छा बनाएँ।

□

सलाद पार्लर—महिलाओं के लिए होम बिजनेस

डाइटिशियन या डॉक्टरों के द्वारा बार-बार फलों व कच्ची सब्जियों को खाने के लिए जोर डालने के बावजूद भी हम उन्हें खाना पसंद नहीं करते हैं, क्योंकि वे ऐसे ही खाने में अच्छी नहीं लगती, लेकिन सलाद के रूप में सब्जियों को नया रंग और आकार देकर तथा मसालों के साथ स्वादिष्ट बना दिया जाए तो कैसा रहेगा? यदि महिला पढ़ी-लिखी है और अपने निजी व्यवसाय पर कुछ धन व्यय करने में सक्षम है तो सलाद पार्लर एक अच्छा आइडिया है। सलाद पार्लर चलाकर आप अपनी क्रिएटिविटी को तो यूज कर सकती हैं, साथ ही नाम व दाम दोनों कमा भी सकती हैं।

अगर आपके मन में इस व्यवसाय को अपनाने का थोड़ा भी विचार आ रहा है तो सबसे पहले अपने परिवार से इस बिजनेस को शुरू करने के लिए मदद माँगें। उनके सहयोग से ही आप आगे बढ़ पाएँगी। फिर अपनी दिनचर्या को इस प्रकार तय करें कि अपना कीमती समय अपने द्वारा चलाए जानेवाले सलाद पार्लर के लिए बचा सकें। शुरुआत में काम को इतना भी न फैलाएँ कि वह सँभाले न सँभले, बल्कि धन व समय के अनुसार उसके पैमाने को तय करें।

कैसे करें शुरुआत—सलाद डेकोरेशन में कॅरियर बनाने के लिए कोई विशेष शैक्षणिक योग्यता की जरूरत नहीं है। आप हाउसवाइफ हैं और चीजों को बेहतर तरीके से सर्व करने की कला में माहिर हैं तो सलाद डेकोरेशन या सलाद कार्विंग आपके लिए आय का नया साधन बन सकता है। यहाँ क्रिएटिविटी दिखाने के भरपूर मौके हैं।

सेल्फ ट्रेनिंग—अगर आप सलाद पार्लर का व्यवसाय करने जा रही हैं तो

इसके लिए सबसे जरूरी है कि आपको इस काम में माहिर होना चाहिए, क्योंकि सलाद को सही ढंग से सजावटी आकार में काटना और फिर उसकी सजावट करना भी अपने आप में एक कला है किंतु अगर आपको इसका शौक है, तभी आप यह काम कर सकती हैं। इसके लिए आप पहले घर में ही पाककला की पुस्तकों में देख सलाद बनाने की रेसिपी ट्राई कर सकती हैं और यह जान सकती हैं कि कहाँ कमी रह गई है, फिर उस कमी को ठीक कर कुछ नया बनाना सीखें। इसके अलावा जगह-जगह लगने वाली सलाद-कला की कक्षाओं से भी सलाद बनाने के गुर ले सकती हैं। वैसे कुछ कोर्स करने के बाद काम शुरू किया जाए तो अच्छा रहेगा। आप को उस काम को करने का अभ्यास हो जाएगा। फिर 2 का 4 और 4 का 6 के अनुपात में मुनाफा होने लगे, तो अपने काम को विस्तार दिया जा सकता है।

सलाद पार्लर शुरू करने के लिए सामान

- रेफ्रिजरेटर
- हीटिंग रेंज
- मिक्सर
- सलाद को सुंदर व भिन्न-भिन्न आकारों में काटनेवाले उपकरण खरीद लें
- रसोईघर का अन्य सामान
- सलाद को एक जगह से दूसरी जगह तक पहुँचाने के लिए कूलर बॉक्स या पैडेड इंसुलेटिड बैग जरूर खरीदें, क्योंकि गरमी और धूप में सलाद खराब हो सकता है।
- सब्जियाँ, फल, मसालें, अंकुरित दालें, पास्ता, मैकरोनी, क्रीम, दही व नींबू आदि की आवश्यकता होती है।
- नॉनवेज सलाद में रोस्टेड चिकन और उबला हुआ मीट प्रयोग होता है।
- पैकिंग का सामान, जैसे थर्मोकोल या प्लास्टिक के डिस्पोजेबल डिब्बे, टिशू पेपर और प्लास्टिक के चम्मच आदि।

संपर्क कैसे करें—सबसे पहले जरूरत के मुताबिक कुछ हेल्पर रखें, जो आपके बताए गए काम करेंगे। स्कूल, कॉलेजों की कैंटीनों, कैटर्स व आस-पास के ऑफिसों की कैंटीनों से संपर्क करें, उन्हें सलाद के सैंपल दें व अलग-अलग सलादों के दाम बताएँ। यदि आप का सलाद पौष्टिक स्वच्छ व समय पर उपलब्ध होगा तो आपको ऑर्डर जरूर मिलेगा। यदि आपको बड़ी मात्रा में ऑर्डर मिलने

लगे तो हेल्परों की संख्या बढ़ा दें।

डिब्बे की कीमत कैसे तय करें—हेल्परों की तनख्वाह, पैकिंग की कीमत, आने-जाने में लगनेवाला किराया, सब्जियाँ खरीदने का खर्च आदि मिलाकर उसमें से कम-से-कम मात्रा में अपना मुनाफा मिलाकर सलाद के डिब्बे के दाम निश्चित कर लें।

पैसा कितना लगेगा—सलाद डेकोरेशन को कॅरियर के रूप में शुरू करने के लिए शुरुआती निवेश के रूप में सबसे पहले आपको किसी एक्सपर्ट से सीखना होगा। कोचिंग फीस के अलावा फल और सब्जियाँ आदि खरीदने पर आपको खर्च करना पड़ेगा। अगर आप इस कला में एक्सपर्ट होना चाहती हैं, तो कुछ और जगहों पर भी आपको खर्च करने की जरूरत होगी। इसमें मुख्य रूप से इंफ्रास्ट्रक्चर से जुड़े निवेश हैं। आपका बिजनेस तेजी से फैले और स्टूडेंट्स आपके पास सीखने के लिए आएँ, इसके लिए आपके पास एक अच्छी सी जगह होनी चाहिए, जहाँ आपके स्टूडेंट्स को परेशानी न हो। अगर आपका घर बड़ा है, तो वहाँ सिखा सकती हैं; क्योंकि सलाद डेकोरेशन एक कला है, इसे घर की रसोई में सिखा पाना संभव नहीं है। इसके लिए अलग से एक स्पेस की जरूरत होती है। अपने प्रोडक्ट को पॉपुलर बनाने के लिए विज्ञापन आदि पर भी आपको खर्च करना पड़ेगा। 25 से 50 हजार रुपए में आप अपना सलाद का व्यवसाय शुरू कर सकती हैं। वैसे अगर आप चाहें तो छोटे स्तर पर कम सुविधाओं के साथ भी इसे शुरू कर सकती हैं और जब आपका काम बढ़ जाए तथा बड़े ऑर्डर मिलने लगें तब अपना यह व्यवसाय और सुविधाएँ बढ़ा लें।

आमदनी—इस फील्ड में संभावनाओं की कोई कमी नहीं है। अगर आपको काम मिलना शुरू हो जाता है तो क्लाइंट के बजट के आधार पर आसानी से प्रत्येक प्रोजेक्ट के लिए 500 से लेकर 3000 रुपए तक या उससे ज्यादा मिल जाएँगे। अगर आपने सलाद डेकोरेशन की क्लास शुरू कर दी है तो धीरे-धीरे आपकी आय कई गुना बढ़ जाएगी।

सलाद की जरूरत क्यों—आजकल का लाइफ स्टाइल ऐसा हो गया है कि बच्चे हों या बड़े, सभी को जंक फूड चाहिए और यह फूड हमारे शरीर को पौष्टिकता की बजाय मोटापा दे रहा है। करीब 60 से 70 प्रतिशत रोग गलत खाने की वजह से होता है। हम गरिष्ठ भोजन खाते हैं, जिसे खाने की वजह से पेट, हृदय व शरीर के अन्य अंगों में एक प्रकार का प्रदूषण फैल जाता है और स्वास्थ्य लगातार गिरने लगता है। इसलिए स्वच्छ, बिना पका, अधपका, भाप में पका

अंकुरित भोजन लेंगे तो स्वास्थ्य अच्छा रहेगा और पेट में गैस बनने जैसी बीमारियों से मुक्ति मिल जाएगी। सलाद में वसा न होने के कारण कम मात्रा में सलाद खाने के बावजूद भी अधिक मात्रा में गुण प्राप्त होंगे, जो शरीर के लिए लाभकारी होंगे। यही कारण है कि कुछ समय पहले तक सलाद खाना जहाँ फैशन था, वहीं अब वह जरूरत बन गया है और यही बात आपको अपने सलाद पार्लर के माध्यम से लोगों को समझानी है।

स्वयं से शुरुआत करें—अगर आप दूसरों को कुछ सिखाना चाहती हैं तो क्यों न इसकी शुरुआत सबसे पहले अपने घर से करें। अपने बच्चों की फूड हैबिट्स में सलाद भी शामिल करें, ताकि उनका रुझान जंक फूड से हटकर कुछ इस तरफ भी बढ़े, इससे बच्चों को हाइपर एक्टिवटी की समस्या भी नहीं होगी।

सलाद कैसे-कैसे

ऐपिटाइजर सलाद—यह सलाद अधिकतर नाश्ते के रूप में लिया जाता है। इसे सब्जियों व फलों के द्वारा तैयार किया जाता है। यह खाने से पहले इसलिए खाया जाता है, ताकि यह भूख बढ़ा सके। घर में जो भी फल व सब्जियाँ रखी हों, उन्हें मिलाकर यह सलाद अमूमन सभी घरों में बनाया जाता है।

मेन कोर्स—जैसा कि इसके नाम से ही पता चल रहा है, यह अपने आप में पूरे भोजन के रूप में होता है। इसमें सब्जियों के सॉथ पास्ता, मैक्रोनी, चावल भी मिलाया जाता है, जिसकी वजह से बहुत स्वादिष्ट बनता है और जिन लागों को सिर्फ सब्जियों का सलाद पसंद नहीं है, उनके लिए यह अच्छा आइटम है।

डेजर्ट सलाद—इस सलाद में फलों व सब्जियों के साथ फ्रूट क्रीम मिलाई जाती है, जिससे इसका स्वाद कई गुना ज्यादा बढ़ जाता है। वैसे सलाद पौष्टिकता की दृष्टि से पूर्ण होना चाहिए। इसमें कार्बोहाइड्रेट, विटामिन, खनिज, प्रोटीन होना चाहिए।

सलाद तैयार करने के चरण

बॉडी—अर्थात् इसके मुख्य तत्त्व यानी सब्जियाँ व फल आदि।

टेक्सचर—सलाद क्रिस्पी होना चाहिए, ताकि यह बच्चों और बड़ों, सभी को भाए।

ड्रेसिंग—एकसारता व एकरूपता के लिए इसे क्रीम या दही में मिलाते हैं।

गारनिशिंग—अंत में सजावट आती है, जो कि बहुत महत्त्वपूर्ण होती है। उसे ही देख लोग आपके बने सलाद खाने के लिए मजबूर हो जाएँगे। हाँ, इतना अवश्य है कि खाने में भी वह उतनी ही लजीज होना चाहिए, जितना कि देखने में हो।

जरूरी बातें

- मामूली सी दिखनेवाले यह खाद्य पदार्थ खासे मुनाफे का सबब बन सकता है, इस काम को कम लागत से शुरू किया जा सकता है।
- सलाद में ऐसी सामग्रियों का इस्तेमाल करें, जो कलरफुल हों। अमूमन सलाद में हरे, लाल और पीले रंग की सामग्रियों का इस्तेमाल ज्यादा किया जाता है।
- सलाद डेकोरेशन के लिए कुछ नए अनोखे और नए आइडिया पर विचार करें।
- डेकोरेटिव ग्लास बाउल या वुडेन बाउल का इस्तेमाल सलाद सर्व करने के लिए किया जा सकता है। इससे सलाद को अच्छा लुक मिलेगा।
- हरी सब्जियों को ठंडे नमक वाले पानी से धोएँ। उसके बाद पानी सुखाकर उन्हें कपड़े में लपेटकर फ्रिज में तब तक रखें, जब तक कि आप सलाद क्राफ्टिंग के लिए पूरी तरह से तैयार न हो जाएँ।
- अपने परिवार में भी सलाद खाने की आदत डालें।
- ग्राहकों को शिकायत का मौका न दें।
- अपने यहाँ सलाद से जुड़े कुछ पैंफलेट लगाएँ।
- सलाद की पौष्टिकता और स्वच्छता का पूरा ध्यान रखें।
- सलाद कई बीमारियों से हमें बचाता है।

अगर आप में लगन है तो जल्दी ही इस व्यवसाय से आप को अच्छी आमदनी होने लगेगी। तब आप में आएगा गजब का आत्मविश्वास और परिवार व समाज में बनेगा आपका एक अलग ही मुकाम।

□

स्कूल यूनिफॉर्म

कटिंग-टेलरिंग का काम आना अच्छी बात है, इससे आप घर बैठे ही अपना खुद का एक व्यवसाय शुरू कर सकती हैं। लेकिन अगर आप कटिंग-टेलरिंग में लीक से हटकर कुछ करना चाहती हैं तो इसके लिए स्कूल यूनिफॉर्म बनाना एक अच्छा व्यवसाय साबित हो सकता है।

ट्रेनिंग—यह काम शुरू करने के लिए सबसे पहले आप किसी वोकेशनल इंस्टीट्यूट या टेलर से कटिंग व टेलरिंग का थोड़ा बहुत काम सीख लें। जब एक बार मशीन पर हाथ जम जाए और आप मशीन के साथ कंफर्टेबल हो जाएँ तो आप बेल्ट और टाई बनाने का काम भी सीख सकती हैं। बेल्ट बनाने के लिए खास मेहनत नहीं करनी पड़ती, इसमें सफाई से बक्कल लगाने का तरीका आना चाहिए।

किससे मिलें—स्कूल यूनिफॉर्म बनाने के काम के लिए आपको कई स्कूल में जाकर बात करनी होगी और स्कूल के प्रिंसिपल से अपनी मिटिंग फिक्स करनी होगी। उनसे बात करके आप स्कूल में यूनिफॉर्म सप्लाई करने का काम शुरू कर सकती हैं। अच्छा तो यह होगा कि जब आप बात करने जाएँ तो आपके पास ड्रेस के कुछ सैंपल पहले से तैयार हों, ताकि वह आपका काम देखकर साथ-के-साथ ऑर्डर दे सकें। इसके अलावा आप स्कूल में बनी हुई कॉपी-किताबों की दुकान में जाकर उसके मालिक से बात करें, स्कूलों के आस-पास बनी हुई दुकानों में पता करें कि क्या आप उनके साथ जुड़कर यूनिफॉर्म सप्लाई करने का काम शुरू कर सकती हैं या नहीं, उन्हें कुछ डिसकाउंट भी ऑफर करें, ताकि वे आपको कुछ ऑर्डर तो दे दें। आप चाहें तो स्कूल में लगने वाली प्रदर्शनियों और पैरेंट्स-टीचर मीटिंग वाले दिन स्कूल से परमिशन लेकर अपना स्टॉल लगा सकती हैं।

आमदनी—प्रति सैकड़ा के हिसाब से मिलनेवाली टाई, बेल्ट के एक ऑर्डर से 150-200 रुपए की कमाई हो जाती है। यदि पूरी ड्रेस बनाने का ऑर्डर मिला है

तो कमाई ज्यादा होगी। इसके अलावा आप मेडल और टॉफी देने का काम कर सकती हैं। इससे भी अच्छी कमाई हो सकती है। इसमें एक पीस 50 रुपए से लेकर 300-400 रुपए तक आसानी से बिक जाता है। वैसे कमाई स्कूलों की संख्या और उनसे मिलने वाले ऑर्डर पर निर्भर होती है।

कच्चा माल—स्कूल यूनिफॉर्म के लिए ड्रेस का कपड़ा, शर्ट के लिए कपड़ा, बटन, टाई और बेल्ट का कपड़ा, बेल्ट में लगनेवाला बक्कल, धागे की रील आदि अपने आस-पास के किसी भी थोक मार्केट से लाए जा सकते हैं या बनवाएँ जा सकते हैं। इससे यह आपको सस्ते भी पड़ेंगे।

शुरुआत कैसे करें—सबसे पहले काम शुरू करने के लिए आप यह देख लें कि आपके पास कितना ऑर्डर है। ऑर्डर के हिसाब से ही आप कपड़ा और बनाने में लगने वाला अन्य मैटीरियल खरीद लें। ऑर्डर की सभी टाई या बेल्ट का कपड़ा एक बार में ही काटें, इससे कपड़े में भी बचत होगी और सफाई भी रहेगी। जैसे अगर आपके पास 50 टाई का ऑर्डर है तो आप स्कूलवालों से उनके रंग व डिजाइन का सैंपल लें और अपना काम शुरू करें। बेल्ट के रंग और डिजाइन के हिसाब से निवाड़ खरीदकर कटिंग शुरू करें। बेल्ट में बक्कल लगाते समय भी सफाई का खास खयाल रखें। जुराब का ऑर्डर थोक में फैक्टरीवालों को भी दे सकती हैं। माल तैयार होने पर प्रत्येक जुराब पर अपना मार्जिन रखकर स्कूल में बेच दें।

ध्यान दें

- किसी भी स्कूल में जाते समय आप अपने द्वारा तैयार की गई कुछ ड्रेसेज भी ले जाएँ, साथ में अपने साथ शील्ड और मेडल के डिजाइनवाली पुस्तक भी ले जाएँ।
- ऑर्डर मिलने पर सभी सामान तैयार कर लें और जो आपने बाहर ऑर्डर पर मँगवाया है, वे सभी एक जगह इकट्ठा कर असेंबल कर एक साथ भिजवा दें।
- आप काम करते समय सफाई पर विशेष ध्यान दें, क्योंकि इसी के बलबूते आपका बनाया माल पसंद या नापसंद किया जाएगा।
- आप चाहें तो अपने साथ एक या दो कारीगर रखकर काम शुरू कर सकती हैं।
- घर के जिस कमरे से आप यह काम शुरू कर रही हैं, यह ध्यान रखें कि

वहाँ पर कोई अलमारी या छोटे-छोटे रैक अवश्य हों, ताकि आप अपना जरूरी सामान वहाँ पर रख सकें।

- रील, कैंची, बटन आदि सामान रखने के लिए अलग-अलग कुछ डिब्बे तैयार कर लें, ताकि बार-बार आपको काम करते समय सामान ढूँढ़ने की असुविधा न हो।
- एक बार काम जम जाने पर आप फोन के द्वारा भी ऑर्डर ले सकती हैं।

□

सर्विस सेंटर

उपभोक्ता उपकरणों की कंपनियाँ घरेलू महिलाओं को सर्विस सेंटर की फ्रेंचाइजी देती हैं। अगर आप भी घर से ही कोई काम करने की इच्छुक हैं तो यह आपके लिए एक बेहतर विकल्प हो सकता है। इसके जरिए आप बिजी तो रहेंगी ही, साथ ही चार पैसे भी कमा पाएँगी, वह भी अपने घर-परिवार की जिम्मेदारियों को निभाते हुए।

फ्रेंचाइजी कैसे लें—फ्रेंचाइजी लेने के लिए आप कंपनी के ऑफिस जाकर बात करें। अगर आप उन्हें फ्रेंचाइजी के लिए उपयुक्त पात्र लगीं तो फ्रेंचाइजी पाने के लिए आपको डेढ़ लाख रुपए की सिक्योरिटी भरने के लिए कहा जाएगा। यह रकम आपको बाद में वापस लौटा दी जाएगी। इसके बाद आपको दो-तीन दिन की ट्रेनिंग दी जाएगी। ट्रेनिंग के दौरान उस प्रोडक्ट के बारे में आपको पूरी जानकारी दी जाएगी। इसके अलावा और भी बहुत सी काम की बातें बताई जाएँगी, जैसे कि काम कैसे करना है, ग्राहकों के साथ कैसे डील करनी है, उनकी जिज्ञासाओं को कैसे शांत करना है, 24 घंटे के अंदर कैसे सुविधाएँ उपलब्ध करानी हैं, इन सभी चीजों के बारे में विस्तार से बताया जाता है। कंपनी पहले फ्रेंचाइजी लेनेवाली महिला को ट्रेनिंग देकर काम करने योग्य बनाती है और उसके बाद तकनीशियनों को प्रशिक्षण देती है, क्योंकि यह काम इलेक्ट्रॉनिक आइटम से जुड़ा है, इसलिए यह जरूरी है कि तकनीशियनों को बस बिजली के काम की बेसिक जानकारी होनी चाहिए, बाकी ट्रेनिंग कंपनी वाले देते हैं। इस काम की सबसे अच्छी बात यह है कि ट्रेनिंग कंपनीवाले ही देते हैं, इसके लिए आपको अपनी जेब से पैसे लगाने की जरूरत नहीं है और साथ ही बहुत कम समय में 3 या 4 दिन की ट्रेनिंग में आप यह काम सीख सकते हैं। ट्रेनिंग हो जाने के बाद अलग-अलग एरिया में बनी इन फ्रेंचाइजी में ग्राहकों के नाम की लिस्ट उपलब्ध करा दी जाती है, ताकि उन्हें पता हो कि उन्हें किन ग्राहकों को और कैसे सर्विस देनी है।

कमाई का जरिया—फ्रेंचाइजी लेनेवाले को समय-समय पर सर्विस देना होता है। एएमसी यानी सालाना मेंटेनेंस देने का करार करते व देते हैं। उनसे एएमसी की राशि काटकर रेवेन्यू इकट्ठा करके कंपनी में जमा कराते हैं। फ्रेंचाइजी लेनेवाले को शिकायत का समाधान व रेवेन्यू इकट्ठा करने के एवज में अलग-अलग कमीशन मिलता है, यही हमारी आमदनी है। सारे खर्चे निकालने के बाद 20,000 रुपए तक आमदनी हो जाती है।

किससे मिलें—सबसे पहले यह डिसाइड करें कि आपको किस कंपनी की फ्रेंचाइजी चाहिए, उसके बाद उस कंपनी के मुख्यालय में जाकर वहाँ के मैनेजर या ग्रुप लीडर से मिलें। बातचीत करने पर यदि वे आपकी योग्यता से संतुष्ट हुए तो सिक्योरिटी जमा करके फ्रेंचाइजी दे देंगे।

कैसे करते हैं—काम शुरू करने के लिए यह जरूरी है कि सर्विस सेंटर पूरी तरह कंप्यूटराज्ड हो, जिसके जरिए कंपनीवाले उस क्षेत्र के ग्राहकों का पूरा डाटा सर्विस सेंटर को देते हैं। सर्विस सेंटर का काम ग्राहकों की जिज्ञासा को शांत करना और उनकी जरूरतों व शिकायतों को सुनकर उसका उचित समाधान निकालना होता है। जैसे ही किसी ग्राहक की कोई शिकायत या जरूरत के लिए फोन आता है तो उसकी समस्या को समझकर उसे 24 घंटे के अंदर सर्विस देनी होती है। फिर वह समस्या चाहे नए पाट्र्स लगाने से संबंधित हो या फिर पुराने पाट्र्स की मरम्मत करने से संबंधित हो। लेकिन ग्राहकों को समय पर सर्विस मिलनी चाहिए। इसके लिए कंपनी में हर समय तकनीशियन मौजूद होने चाहिए। साथ ही नए पाट्र्स भी कंपनी में मौजूद होने चाहिए। तकनीशियन को शिकायत करेनवाले के घर भेजना, उसे घर का पता बताना, कोई अन्य जरूरत हो, तो उसकी पूरी जानकारी देने का काम फ्रेंचाइजी लेनेवाले का होता है।

आना-जाना भी पड़ता है—इस काम को करने के लिए यह जरूरी है कि आपको अकेले आने-जाने का अभ्यास हो, क्योंकि इस काम के लिए ट्रेनिंग और मीटिंग निरंतर चलती रहती है। सॉफ्टवेयर की ट्रेनिंग और जो नए बदलाव लाते हैं, उसके बारे में जानकारी देने के लिए भी बुलाया जाता है। मीटिंग को अटेंड करना भी जरूरी होता है, क्योंकि मीटिंग में समय-समय पर कंपनी के मैनेजर व ग्रुप लीडर भी आते हैं, जिसमें कई बार यह भी डिस्कस किया जाता है कि एक निश्चित समय सीमा में प्रदर्शन कैसा रहा; कौन, कैसे और कितना अच्छा काम कर रहा है। इसके अलावा कमियों को दूर करने के तरीके भी बताए जाते हैं। इसलिए मीटिंग अटेंड करने से कई जरूरी चीजों के बारे में जानकारी भी मिलती है।

काम शुरू करने के लिए जरूरी चीजें

- इस काम को शुरू करने के लिए आपको घर में एक अलग स्थान की जरूरत पड़ती है, जैसे कि घर का कोई बड़ा कमरा या फिर कोई हॉल।
- आपके पास कंप्यूटर का होना बहुत जरूरी है, क्योंकि आपका अधिकतर काम उसी के जरिए होता है।
- स्टोरेज के लिए आपके पास अलमारियों का होना भी जरूरी है। नए पार्ट्स और मरम्मत से संबंधित सामान रखने के लिए भी अलमारियों या रैक की जरूरत होगी।
- अपने स्टाफ के बैठने के लिए मेज और कुरसियों की जरूरत होगी।
- सबसे जरूरी है कि आपके पास सिक्योरिटी जमा कराने के लिए कम-से-कम एक लाख रुपया तो होना ही चाहिए और अगर आपके पास कंप्यूटर नहीं है तो वह भी काम शुरू करने से पहले ही लेना होगा। इन सब के लिए आप चाहें तो बैंक से लोन भी ले सकती हैं। इसके लिए आपको पहले से ही तैयारी कर लेनी चाहिए, क्योंकि अगर आपका हाथ तंग है तो पैसे जुटाने में आपको समय लग सकता है।
- आप अपने घर के कामों के लिए एक हेल्पर रख लें तो अच्छा है, क्योंकि ऐसा न हो कि आपके पास शिकायत के लिए कोई फोन आ रहा हो और आप घर के काम करने में बिजी हों।
- यह काम आप घर से ही कर रही हैं, यह सोचकर लापरवाही न करें; क्योंकि आपकी लापरवाही का असर आपके यहाँ काम करनेवाले बाकी लोगों की परफॉरमेंस पर भी पड़ेगा।

□

सॉफ्ट टॉयज मेकिंग

टॉयज और बच्चों में गहरी दोस्ती होती है। यह तो हम सभी जानते हैं, लेकिन अगर आप नजर दौड़ाएँ तो पाएँगे कि खिलौनों और गिफ्ट्स की तकरीबन हर दुकान में तरह-तरह के टेडीबियर शेल्फ की शान बढ़ाते दिख जाएँगे; क्योंकि आज गाड़ियों से लेकर घर के ड्राइंग रूम तक और छोटे बच्चों से लेकर टीनएजर तक में टेडीबियर का क्रेज सहज ही महसूस किया जा सकता है। मिक्की माउस, क्यूटी, आलिव मंकी, भालू, टाइगर के टेडीबियर बच्चों में काफी फेमस हैं। यही कारण है कि टेडीबियर बनाने का व्यवसाय आज काफी तेजी पर है। सॉफ्ट टॉयज की सबसे बड़ी खूबी यह है कि इनसे बच्चे चाहे जैसे खेल सकते हैं। न तो इन टॉयज का कुछ बिगड़ता है और न तो बच्चों को ही किसी प्रकार की चोट लगने का खतरा होता है। इसके अलावा गंदे होने पर इन्हें धोया भी जा सकता है। अंतरराष्ट्रीय स्तर पर सॉफ्ट टॉय का व्यवसाय करोड़ों का है। टेडीबियर सामान्यत कपड़े, वूलन और वेलवेट के बनाए जाते हैं। इसके अंदर कान और फॉम भरी जाती है। यह व्यवसाय काफी मुनाफे वाला है।

कैसे करें शुरुआत—महिलाओं के लिए यह अच्छा रोजगार है। इस काम को करने के लिए सॉफ्ट टॉयज बनाने का प्रशिक्षण लेना होगा। इसके बाद दो से पाँच हजार इनवेस्ट करके घर से ही इस बिजनेस को शुरू किया जा सकता है। सबसे पहले घर के किसी खुले और हवादार कमरे का चयन करें। वहाँ पलंग की बजाय अच्छा तो यह होगा कि जमीन पर बिछानेवाली सैटी बिछा लें या फिर जमीन पर ही गद्दे डाल लें अथवा कुछ टेबल-चेयर का इंतजाम करें। इससे आसानी से काम होगा। इसके बाद आप मार्केट सर्च करें और पता करें कि फर के लिए थोक के मार्केट कौन से होंगे। सबसे पहले आप चार-पाँच मीटर अलग-अलग रंगों में फर, पाँच किलो फाइबर, मोती, सुई, धागा तथा नुकीली कैंची

खरीदें। विभिन्न तरह के सॉफ्ट टॉयज की ड्राफ्टिंग बाजार में 10-20 रुपए में मिल जाती है। इस तरह आप विभिन्न तरह के सॉफ्ट टॉयज तैयार करें और उन्हें बाजार में बिक्री के लिए रख दें। किसी टॉयज फैक्टरी से भी संपर्क कर सकती हैं। इसके अलावा अगर आपके घर में थोड़ी जगह हो तो आप अपने घर में ही प्रशिक्षण केंद्र खोल सकती हैं। जहाँ इच्छुक लड़कियों व महिलाओं को सॉफ्ट टॉयज बनाना सिखा सकती हैं।

सामान कहाँ मिलेगा—सॉफ्ट टॉयज से संबंधित सारा सामान दिल्ली के सदर बाजार तथा कमला नगर में सस्ते दामों पर मिल जाता है।

ऋण देनेवाले संस्थान

☞ केंद्रीय एवं राज्य सरकार की वित्तीय संस्थाएँ।
☞ सभी सरकारी क्षेत्र के बैंक
☞ सभी निजी क्षेत्र के बैंक

सरकार रोजगार के तहत यूनिट लगाने के लिए 90 फीसदी तक ऋण प्रदान करती है, जिसकी अधिकतम सीमा 25 लाख रुपए है। आर्थिक रूप से कमजोर तबकों के लिए सरकार ऋण में सब्सिडी देती है तथा व्यवसाय फैलाने के लिए टैक्स में भी छूट मिलती है। देश-विदेश में लगनेवाले व्यापार मेलों में शिरकत करने से ऐसे व्यवसायों को काफी मदद मिलती है।

योग्यता—टेडीबियर मेकिंग के प्रशिक्षण के लिए ज्यादा उच्च शिक्षा की आवश्यकता नहीं है। आठवीं उत्तीर्ण व्यक्ति भी कोर्स कर सकता है। कुछ संस्थानों में दसवीं उत्तीर्ण होना अनिवार्य है।

प्रशिक्षण संस्थान—टेडीबियर मेकिंग बड़ा ही आसान है, जिसे सिलाई मशीन चलाने की समझ और इसमें रुचि है, वह इसे जल्दी सीख सकता है। इसके लिए कई सरकारी व गैर-सरकारी संस्थाओं में सिलाई-कढ़ाई के साथ-साथ सॉफ्ट टॉयज बनाने का प्रशिक्षण दिया जाता है। इसके लिए भिन्न-भिन्न अवधि के कोर्स जो 2 माह से 1 वर्ष की अवधि के होते हैं, उनका चयन भी किया जा सकता है।

मार्केटिंग—टेडीबियर आज की टॉय मार्केट की जरूरत बन गया है। हर टॉय शॉप में तरह-तरह के टेडीबियर की माँग होती है। अगर आपका बजट अच्छा है तो आप अपना शोरूम भी खोल सकती हैं, नहीं तो बड़े स्टोरों को टेडीबियर सप्लाई भी कर सकते हैं।

प्रचार कैसे करें—प्रचार करने का एक अच्छा तरीका यह भी है कि आप अपने परिवार, मित्रों व पड़ोस में किसी भी आयोजन में टेडी उपहार में दे सकती हैं। इससे लोगों को यह उपहार पसंद तो आएगा ही, साथ ही आपका हुनर लोगों के सामने आएगा। यह आपके काम का डोर-टू-डोर विज्ञापन होगा।

जरूरी सामान—सॉफ्ट टॉय मेकिंग बहुत ही आसान व्यवसाय है। बहुत कम खर्च करके भी इसे शुरू कर सकते हैं। इसके लिए मशीनें, कपड़ा, कॉटन, फॉम, टॉयज के लिए आँख व नाक, सुई, कैंची, जैसी छोटी-छोटी चीजों की आवश्यकता होती है।

टेडीबियर की कीमत कितनी—एक सामान्य टेडीबियर की शुरुआत 50 रुपए से शुरू होकर 3000 रुपए या इससे कहीं ज्यादा भी होती है।

संस्थान

- सरकारी व व्यक्तिगत इंस्टीट्यूट आई.आई.टी, साईं सिद्धि इंस्टीट्यूट व अन्य
- आँगनवाड़ी केंद्र
- एसईटी डब्ल्यू.आई.एन.
- वोकेशनल स्कूल और कॉलेज।
- सेंटर सोशल वेलफेयर बोर्ड, गवर्नमेंट ऑफ इंडिया, समाज कल्याण भवन, बी-12 तारा क्रिसेंट इंडस्ट्रियल एरिया, दिल्ली
- स्टेट इंस्टीट्यूट ऑफ वोकेशनल एजुकेशन, डायरेक्ट्रेट ऑफ इंटरमीडियेट एजुकेशन हैदराबाद, आंध्रप्रदेश।
- डिपार्टमेंट ऑफ वूमेंस ऐंड चाइल्ड डेवलपमेंट गवर्मेंट ऑफ हरियाणा, दिशा, ऑर्गनाइजेशन, सिरसा, हरियाणा।
- ईस्ट सिंहभूम, जनसखा संस्थान, जमशेदपुर, झारखंड.

कमाई कितनी—सॉफ्ट टॉयज से होनेवाली कमाई की बात करें तो आप घर बैठे यह रोजगार किसी को सिखा भी सकती हैं और आप प्रशिक्षण देने के नाम पर आठ से दस महिलाओं से 4000 से 5000 रुपए मासिक भी कमा सकती हैं। इसके अतिरिक्त टॉयज शॉप के मालिकों से संपर्क कर उनके लिए काम करने का ऑर्डर भी ले सकती हैं और एक टॉय पर 40 से 50 रुपए भी कमा सकती हैं। किसी फैक्टरी से संपर्क करके ऑर्डर पर माल तैयार करके कमाई में और भी इजाफा किया जा सकता है।

पैकेजिंग—टेडीबीयर को पैकिंग की खास आवश्यकता नहीं होती। इसे ट्रांसपेरेंट पॉलीबैग में रख सकते हैं। ये पॉली बैग्स मार्केट में आसानी से मिल जाते हैं।

मुख्य बिंदु

- यह काम सिलाई से जुड़ा है, इसलिए सिलाई का इसमें विशेष ध्यान रखना पड़ेगा। अच्छे धागे का ही इस्तेमाल करें, ताकि वह उधड़े नहीं।
- आपके काम में सफाई होनी चाहिए, तभी आपके काम को लोग पसंद करेंगे।
- जिस कमरे में या जिस जगह में आप यह व्यवसाय शुरू करने जा रही हैं, वहाँ पर कुछ रैक्स या अलमारी वगैरह भी बनवा लें, ताकि आप फर को सँभालकर रख सकें, वरना उसके गंदे होने की संभावना रहती है।
- इस काम को करने के लिए साफ-सफाई का भी ध्यान रखना पड़ेगा, वरना हलके रंग की फर गंदी हो सकती है।

□

स्वेटर बुनाई

ठंड के दस्तक देते ही घर के आँगन या छत पर सखी-सहेलियों के संग ऊन के नरम गोलों के साथ बुनाई का जो सिलसिला शुरू होता था, वह पूरी सर्दी ही चलता था। गप-शप के बीच स्वेटर की कई डिजाइंस तैयार हो जाती थीं और उत्साह तो बस पूछिए ही मत! वैसे भी हमारी दादी-नानी को कहते तो सुना ही होगा, ''जो गरमायी घर के बने स्वेटर में होती है, वह बाजार के बने स्वेटर में आ ही नहीं सकती।'' यह बात काफी हद तक सही है, लेकिन परेशानी यह है कि आज किसी के पास इतना समय ही नहीं है कि वह खुद स्वेटर बुने और न ही कोई स्वेटर बुनना सिखाने वाला है। अब ऐसे बहुत कम लोग हैं, जो बुनाई जानते हैं। लेकिन अगर आप इस कला में माहिर हैं तो इसे अपना प्रोफेशन बना अच्छी कमाई कर सकती हैं। एक बार अपने इस हुनर को आजमा कर देखिए, आपके पास स्वेटर खरीदनेवालों की लाइन लग जाएगी। वैसे भी हाथ से बने स्वेटर, जैकेट, टॉप, स्कर्ट और मफलर का जमाना एक बार फिर आ गया है। कई महिलाएँ यह काम करती हैं और सफलतापूर्वक अपना यह बिजनेस चला भी रही हैं।

ऊन की किस्में

जानवरों के बालों से बननेवाले ऊन—प्योर वूल, अंगोरा, मोहार, सिल्क अलपाका।

सब्जियों से बननेवाले ऊन—कॉटन लाइनन

मैन-मेड वूल—नाइलॉन व एक्रीलिक ऊन कई फाइबर्स से बनते हैं।

प्लाई किसे कहते हैं

ऊन में एक सिंगल धागे को 'प्लाई' कहते हैं और उस सिंगल धागेवाली

प्लाई को आपस में ट्विस्ट करके धागा बनता है। अब यह आप पर निर्भर करता है कि आपको धागा कितना मोटा बनाना है, क्योंकि जितना मोटा धागा चाहिए, उतनी ही प्लाई का इस्तेमाल करते हैं।

जब खरीदनी हो ऊन

- ऊन हमेशा दिन में खरीदें, क्योंकि रात में ऊन का रंग ठीक से समझ नहीं आता और दिन में देखने में उस कलर में फर्क लगता है।
- ऊन न सिर्फ हर रंग में आता है, बल्कि हर रंग के कई सारे शेड भी बाजार में मौजूद होते हैं, इसलिए जब भी ऊन खरीदें शेडकार्ड देखकर ही खरीदें।
- जब भी आप किसी स्वेटर की बुनाई के लिए ऊन खरीदें तो थोड़ा ज्यादा ही खरीदें; क्योंकि स्वेटर बुनते समय एक बार अगर ऊन खत्म हो गया तो दोबारा उसका मिलना मुश्किल ही है और अगर मिल भी गया तो रंग में फर्क हो सकता है।
- ऊन ज्यादा लेने पर अगर थोड़ा बच भी गया तो कोई बात नहीं, आप मिक्स ऐंड मैच करके कोई नई डिजाइन का स्वेटर या अन्य कोई चीज तैयार कर सकती हैं।
- सलाई का चुनाव भी सोच-समझकर ही करें। अच्छी कंपनी की सलाई का ही प्रयोग करें।
- बाजार में हर नंबर की सलाई आती है। इसके साथ ही मोटे व पतले ऊन के लिए अलग-अलग सलाई आती है। इसलिए आप सलाई अपने ऊन को देखकर ही लें।
- बच्चों के लिए नरम, मुलायम बेबी वूल आता है। उनके लिए इसी तरह का ऊन लें, ताकि उनकी कोमल त्वचा को कोई भी नुकसान न पहुँचे।
- हमेशा अच्छी कंपनी का ही ऊन खरीदें, ताकि उसमें रंग आदि निकलने जैसी कोई परेशानी न हो।

किसके लिए कैसा स्वेटर बनाएँ

- छोटे बच्चों को अकसर बंद गले के स्वेटर चुभने लगते हैं। इसलिए उनके लिए गोल गले का स्वेटर बनाना ही सही रहेगा। इसके अलावा बच्चों को सामने से खुले हुए स्वेटर पहनाएँ, ताकि स्वेटर पहनाने और उतारने में सुविधा हो और वे आसानी से उतारे जा सकें।

- टॉप हो, सूट हो या फिर स्वेटर, टीनएजर्स को हमेशा बड़े गले पहनने का शौक होता है, क्योंकि यह हमेशा फैशन में रहता है, इसलिए उनके लिए बोट नेक, कैमल नेक अच्छे रहते हैं।
- बड़ी उम्रवालों के लिए 'गोल' या 'वी' नेक बनाएँ।
- सूट या टॉप के अंदर पहननेवाले स्वेटर ब्रांड शेप के बनाएँ और उन्हें गोल गले का ही बनाएँ, ताकि सूट या टॉप पहनने पर स्वेटर अंदर से दिखाई न दें।
- जिन महिलाओं या पुरुषों की गरदन लंबी होती है, उनपर पोलीनेक यानी कि हाईनेक के स्वेटर ज्यादा जँचते हैं।
- महिलाओं के लिए भी गोल गले के या आगे से खुले हुए कार्डिगननुमा स्वेटर ज्यादा अच्छे लगते हैं, क्योंकि साड़ी आदि पहनने पर उनकी लुक ही कुछ अलग आती है।

स्वेटर बुनते समय ध्यान देने योग्य बातें

- कस्टमर से पहले बात कर लें कि उन्हें किस तरह के ऊन का स्वेटर चाहिए। उनकी पसंद के अनुसार ही ऊन का चुनाव करें।
- स्वेटर बनाने के लिए यह जरूरी है कि आप ऊन के अनुसार ही सही ढंग की सलाई का प्रयोग करें, तभी स्वेटर ठीक से बनेगा, वरना उसकी शेप गड़बड़ा जाएगी।
- जब आप एक साथ कई रंगों का प्रयोग करें तो स्वेटर को बहुत अधिक टाइट न बनाएँ, उसकी बुनाई हलके ढीले हाथों से करें।
- सही नाप का स्वेटर बनाने के लिए सही फंदों का डला होना जरूरी है, तभी स्वेटर ठीक बैठता है।
- ऐसा नहीं होना चाहिए कि आधा स्वेटर आप बुन रही हैं और आधा स्वेटर कोई और बुन रहा है, क्योंकि सबकी बुनाई करने का तरीका अलग-अलग होता है, जो कि देखने में पता भी लग जाता है और ऐसा स्वेटर देखने में बहुत भद्दा लगता है। इसलिए स्वेटर किसी एक व्यक्ति के ही द्वारा बुना जाना चाहिए।
- फंदे डालने का एक सीधा सा लॉजिक है कि फंदे हमेशा डबल ऊन से ही डालें।
- स्वेटर को एक फंदा सीधा और एक फंदा उलटा बुनते हुए ही बंद करें।

- स्वेटर बनाते समय उसमें कहीं अगर गाँठ लगाने की जरूरत पड़े तो वह गाँठ हमेशा किनारे पर ही लगानी चाहिए। ऐसा करने पर स्वेटर में पीछे से गाँठ नहीं चमकेगी और देखने में बुरा भी नहीं लगेगा।
- सबके हाथ का खिंचाव कुछ अलग-अलग होता है, इसलिए अपने हाथ के खिंचाव को जाँच लें और उसी के हिसाब से सलाई का प्रयोग करें।
- अगर कोई फंदा गिर गया हो, तो क्रॉस स्टिच या क्रॉस हुक का प्रयोग करें।
- हलके रंग, जैसे क्रीम, सफेद आदि का स्वेटर बना रही हों तो हाथों में टेलकम पाउडर लगा लें, इससे स्वेटर गंदा नहीं होगा।
- यदि आप दो रंगों का डिजाइन डालकर कोई स्वेटर तैयार करना चाहती हैं तो इस बात का विशेष ध्यान रखें कि दोनों रंगों के ऊन की मोटाई और किस्म एक समान ही होनी चाहिए।

स्वेटर की सिलाई करते समय निम्न बातों का ध्यान रखें

- जब भी बुनाई करें, कभी भी आधी सिलाई पर फंदे न छोड़ें, नहीं तो बुनाई में छेद आ जाते हैं। हमेशा सिलाई पूरी करके ही छोड़ें।
- हर सिलाई शुरू करने से पहले पहला फंदा बिना बुने उतारें। इस प्रकार स्वेटर के दोनों तरफ एक जाली सी बन जाती है, जिससे स्वेटर पूरा होने के बाद उसे सिलने में आसानी होती है।
- स्वेटर की सिलाई करते समय स्वेटर के दोनों पल्लों को पकड़कर बखिया सिलाई से काम लें।
- स्वेटर की सिलाई करते समय ध्यान रखें कि सिलाई हमेशा इकहरे ऊन से ही करें।
- स्वेटर के दोनों पल्लों को एक-दूसरे के आमने-सामने रखकर सुई से दोनों तरफ का 1-1 फंदा उठाते हुए जोड़ती चली जाएँ।
- कई बार होता है कि स्वेटर की सिलाई ढंग से नहीं हो पाती और एक-दो धुलाई के बाद उसकी सिलाई खुल जाती है। ऐसे में अगर आपके पास उस स्वेटर का बचा हुआ ऊन होगा तो ही आप सिलाई खुलने पर उसी स्थान से दोबारा सिलाई कर पाएँगी, इसलिए स्वेटर के ऊन को सँभालकर रखें।

कुछ ऐसे बनाएँ, फैशनेबल स्वेटर

- स्वेटर को फैशनेबल बनाने के लिए जरूरी है कि उसकी डिजाइन का चुनाव सोच-समझकर ही करें, क्योंकि डिजाइन के आधार पर ही स्वेटर फैशनेबल बनेगा।
- स्वेटर की डिजाइन उम्र के हिसाब से ही चुनें, क्योंकि बच्चों व बड़ों के स्वेटर की डिजाइन में अंतर होता है, इसलिए उसका ध्यान अवश्य रखें।
- बच्चों के स्वेटर बेल, जानवरवाले डिजाइन, केबल या ग्राफ के डिजाइन के आकर्षक रंगों से बने होने चाहिए, क्योंकि ऐसा स्वेटर और डिजाइन बच्चों को आकर्षित करती है।
- टीनएजर्स के स्वेटर में बड़े जाल वाली डिजाइन कम ही डालें, क्योंकि यह बड़े लोगों में देखने में उतनी अच्छी नहीं लगती।
- बड़ों के स्वेटर में कढ़ाई, बीड्स, मोटिफ, सिक्वेंस आदि का डिजाइन बनाएँगी तो ज्यादा फैशनेबल लगेगा।
- स्वेटर को फैशनेबल बनाने के लिए उसपर बीड्स, सिक्वेंस आदि लगाएँ, ताकि स्वेटर आजकल के फैशन के हिसाब से ही बने।
- स्वेटर के साथ उसी की मैचिंग के मफलर, कैप और दस्ताने बनाकर आप उसे एक अलग ही लुक दे सकती हैं।
- स्वेटर को फैशनेबल बनाने के लिए जरूरी नहीं कि प्लेन स्वेटर ही बनाया जाए, बल्कि स्वेटर की जैकेट बनाएँ और साथ में सेक्सी स्कर्ट बनाएँ। वह देखने से काफी आकर्षक लगेगी।

टीनएजर्स लड़कियों की डिजाइन

ऊनी स्पेगिटी टॉप—इस टॉप में एक पतली सी स्पेगिटी जैसी स्टेप बनानी होगी और ऊपर से भी स्पेगिटी वाला डीप ब्रॉड गला बनाना होगा।

वूलन टॉप—यह टॉप जींस के साथ अच्छा लगता है। इसे चाहें तो फुल स्लीव्स बना लें या फिर हाफ स्लीव्स।

स्टाइलिश स्कीवी—यह स्कीवी देखने में एकदम स्ट्रैचेबल होगी।

रिबवाला स्वेटर—यह हाईनेक गले का आधी बाजू का स्वेटर होता है।

फूलोंवाला स्वेटर—इस स्वेटर के तैयार हो जाने के बाद इस पर क्रोशिए या बारीक ऊन के द्वारा बीच-बीच में उभरे हुए फूलों की डिजाइन बनाएँ।

ओवरकोटनुमा स्वेटर—इस तरह के स्वेटर की डिजाइन कपड़े के कोट

जैसी होती है। इसमें बड़े-बड़े बटन लगते हैं और साथ में जेब भी लगाई जाती है।

पोंचू—पोंचू बिना बाँहों का शॉलनुमा स्वेटर होता है। सूट हो या साड़ी, यह सभी के साथ फबता है।

क्रोशिए की जैकेट—यह एक जालीदार जैकेट होती है, जो क्रोशिए से बुनी जाती है।

डिजाइनर स्कर्ट—यह स्कर्ट कई तरह की डिजाइन में बनती है। नीचे से फंदुए वाली, जूट की स्कर्ट, डबल शेडेड स्कर्ट, दो रंगों की मिनी स्कर्ट, बेबी डॉल स्कर्ट या फिर क्रोशिए का इस्तेमाल कर रंग-बिरंगी लॉन्ग स्कर्ट।

लड़कों के लिए फैशनेबल डिजाइन

हाईनेक स्वेटर—यह गला लड़कों पर बहुत अच्छा लगता है।

टी-शर्ट स्वेटर—इसकी डिजाइन नॉर्मल टी-शर्ट के जैसी होती है।

जेंट्स लूजर—यह स्वेटर आधी बाँह का भी बनता है और देखने में थोड़ा लूज ही बनता है।

बच्चों के लिए फैशनेबल स्वेटर

चमकीला जालीदार स्वेटर—इस स्वेटर के लिए ग्लिटरिंग वूल का प्रयोग किया जाता है और बॉर्डर बनाने के लिए उससे मैच करता हुआ प्लेन ऊन का प्रयोग किया जाता है। इसमें क्रोशिए द्वारा जाल भी बुना जाता है। स्वेटर के बन जाने पर उसके सामने के भाग में एक किसी भी रंग की पूसी कैट या अन्य किसी भी जानवर का मोटिफ टाँक दें।

डिजाइनर पार्टी ड्रेस—यह कैप के साथ फुल ड्रेस है। इसके घेर और बाजू पर बुनाई से कंगूरे बनाए जाते हैं और ऊन पर सुन्दरे मोती टाँके जाते हैं, ताकि ड्रेस पार्टी-वियर लगे।

डेकोरेटिव बेबी कोट—यह कोटनुमा स्वेटर होता है, जिसमें बड़े बटन को लगाया जाता है।

मल्टीकलर स्वेटर—इस स्वेटर को बनाने में कई रंगों का प्रयोग किया जाता है।

फ्रॉकनुमा स्वेटर—इस ऊनी फ्रॉक के साथ इसकी मैचिंग की पजामी और जुराबें भी बनाई जाती हैं।

जब करनी हो स्वेटर पर कढ़ाई

- स्वेटर पर कढ़ाई करने के लिए क्रॉस स्टिच, लेजी-डेजी, डंडी स्टिच, भरवाँ आदि से कढ़ाई करें।
- कढ़ाई हमेशा हलके हाथों से करें।
- कढ़ाई करते समय स्वेटर के नीचे की तरफ कागज या पेपर फॉम का इस्तेमाल करें।

स्वेटर पर सिक्वेंस लगाते समय

- स्वेटर पर बीड्स, नग सा सिक्वेंस लगाते समय बारीक सुई का इस्तेमाल करें, ताकि वे ज्यादा सफाई से लग सकें।
- स्वेटर पर कोई भी बीड्स या नग लगाते समय स्वेटर के ही रंग का धागा इस्तेमाल करें।
- धागे कच्चे नहीं होने चाहिए, वरना बीड्स टूटकर गिर जाएँगे और इससे स्वेटर की सिलाई निकलने का डर बना रहता है।

बची हुई ऊन का प्रयोग कैसे करें

डॉगी मोटिफ—यह टेडीबियरनुमा डॉगी होता है। इसे सजाने के लिए इसकी आँखें काली ऊन से बनाएँ। नाक पर लाल ऊन से बॉल लगाएँ व गले में नीला रिबन बाँध दें।

टेडीबियर—किसी भी शेप का टेडीबियर बनाया जा सकता है। इसकी आँखें, नाक बनाएँ और गले में लाल रिबन भी बाँधें।

मोबाइल कवर—इस मोबाइल कवर में हैंडल के लिए क्रोशिए से लूप बनाकर सिल दें। बीच में एक मोती लगाकर लूप भी बना लें।

फूलोंवाली टोकरी—क्रोशिए से राउंड शेप में पूरी टोकरी बुनी जाती है। फिर इसके किनारे और हैंडल भी बनाए जाते हैं। इसमें लेजीडेजी स्टिच से लाल फूल और हरी पत्तियाँ भी बनाई जाती हैं।

कहाँ बेचें—अपने डिजाइनर ऊन के स्वेटर बेचने के लिए कुछ शोरूमवाले और गरम कपड़े रखनेवाले दुकानदारों से बातचीत की जा सकती है कि वे आपका माल भी रख लें। आप चाहें तो मेलों और प्रदर्शनियों में भी अपने माल का स्टॉल लगा सकती हैं। वैसे हिल स्टेशन पर ऊनी कपड़ों की माँग ज्यादा होती है। कई हिल-स्टेशनवाले दुकानदार नीचे प्लेन में आकर माल खरीदकर ले जाते हैं। ऐसे

दुकानदारों का पता लगाएँ या फिर कभी कहीं हिल स्टेशन पर जाना हो, तो दुकानदारों से बातचीत करें और ऑर्डर पर अपना माल बनाएँ।

प्रचार कैसे करें—आप अपने सभी मिलने-जुलनेवालों को यह बताएँ कि आप स्वेटर बुनने का काम शुरू कर रही हैं। सैंपल के कुछ पीस तैयार करके एक दिन सभी को अपने घर इन्वाइट करें। इससे उन्हें पता चल जाएगा कि आपका काम कैसा है! इसके अलावा ऊन की दुकानों पर भी संपर्क कर सकती हैं। वहाँ ऊन खरीदने आनेवाले उसे बनवाने की माँग भी करते हैं। अच्छा तो यह होगा कि आप अपना कोई पैंफलेट छपवाकर ऊन की दुकानों और अपनी सोसाइटी की कुछ अन्य दुकानों पर लगवाएँ। अपने अखबारवाले से भी कहें कि वह आपका पैंफलेट अपने पेपर के बीच रखकर सभी के घरों में पहुँचा दे।

जगह कितनी चाहिए—इस काम के लिए आपको बहुत अधिक जगह की जरूरत नहीं है। आप चाहें तो अपने घर के किसी भी कमरे से शुरू कर सकती हैं। बस आपको ऊन, सजावट का सामान आदि रखने के लिए एक अलमारी चाहिए, नहीं तो ऊन के गंदा होने का डर रहता है।

क्या चाहिए—स्वेटर बुनने के लिए सलाइयाँ, ऊन, क्रोशिया, क्रोशिए के धागे, पतली व मोटी सुई, कैंची, स्वेटर पर लगाने के लिए डेकोरेटिव आइटम, जैसे सिक्वेंस, मोती, बीड्स, सितारे, रिबन, फूल, पत्तियाँ आदि।

कमाई—एक बड़ा स्वेटर बुनने के रेट 600-800 रुपए तक होते हैं और अगर स्वेटर डिजाइनवाला है तो उसके दाम और भी अधिक होते हैं। इसी आधार पर जैकेट, कोट और बच्चों के स्वेटर आदि के दाम डिजाइन और फैशन के हिसाब से तय किए जाते हैं। वैसे इस काम में आपकी कमाई मिलने वाले काम और स्वेटर की बिक्री पर निर्भर करती है।

□

टेलीकॉलिंग

राष्ट्रीय और बहुराष्ट्रीय कंपनियाँ अपने उत्पादों और सेवाओं की जानकारी देने के लिए संचार माध्यमों का प्रयोग करती हैं। इसके लिए अखबार, मैगजीन, इंटरनेट के अलावा कंपनियाँ शहरों में बने कॉल सेंटर्स का भी सहारा लेती हैं। घर में रहनेवाली महिलाओं के लिए यह एक अच्छा आमदनी का जरिया है। आइए जानें कैसे—

किससे मिलें—इस काम को शुरू करने के लिए पहले या तो आप कुछ दिन कॉल सेंटर में काम कर लें या फिर कॉल सेंटर में काम करनेवालों से मिलना होगा। वैसे काम ढूँढ़ने के लिए सबसे पहले आपको अपने शहर के कुछ अच्छे कॉल सेंटर्स का पता अखबार में विज्ञापन देखकर व इंटरनेट के जरिए लगाना होगा। इसके बाद अपना बायोडाटा बनाएँ और बायोडाटा लेकर विभिन्न कॉल सेंटर्स के पास जाएँ। अगर उनके पास कोई काम होगा तो वे आपसे जरूर संपर्क करेंगे। उनके कॉल का इंतजार करें। एक बार काम मिलने के बाद आपके पास रेगुलर घर बैठे फोन के जरिए ही काम आना शुरू हो जाएगा।

ट्रेनिंग—टेलीकॉलिंग का काम करने के लिए कई कंपनियाँ पहले कुछ दिनों का प्रशिक्षण देती हैं। प्रशिक्षण के दौरान व्यवसाय से संबंधित जानकारी दी जाती है।

आमदनी—इस काम के लिए कॉल सेंटरवाले आपको काम के लिए टेलीफोन नंबर की एक लंबी सूची देते हैं। इन नंबरों पर काम करने के लिए आपको एक पहले से निर्धारित समय-सीमा दी जाती है और आपको उन सभी नंबरों पर कॉल करना होता है। कॉल करने के लिए फोन और उसका बिल कंपनी की तरफ से दिया जाता है। इस काम को करने के लिए सामान्य तौर पर कंपनी की तरफ से 200 रुपए प्रतिदिन मिलते हैं। एक बार काम मिलना शुरू हो गया और लोगों को

आपका काम पसंद आने लगा तो आप प्रतिदिन 500 रुपए से भी अधिक कमा सकती हैं।

योग्यताएँ

- टेलीकॉलिंग—योग्यता बनने के लिए आपमें कुछ क्वालिटी का होना बहुत जरूरी है।
- कम्यूनिकेशन स्किल्स अच्छा होना चाहिए, क्योंकि उसके जरिए ही आप अपनी बात सामनेवाले को समझा पाएँगी।
- अगर आपकी एक से अधिक भाषाओं पर पकड़ है तो यह आपके काम में काफी फायदेमंद साबित होगा।
- इस काम को करने के लिए सहनशीलता का गुण होना जरूरी है, क्योंकि कई बार जिन लोगों को आपने फोन मिलाया है, वे इस बात से नाराज हो जाते हैं कि आप उन्हें बार-बार फोन क्यों मिलाती हैं, लेकिन ऐसा करना आपका काम है, ऐसे में आपको पेशेंस से काम लेना होगा।

कैसे करें—घर पर बैठकर काम करने का मतलब यह नहीं है कि इस काम को आप अनप्रोफेशनल तरीके से करने लगें। घर में काम करने के जरिए आप और भी बेहतर ढंग से इस काम से जुड़ सकती हैं।

- अपने काम करने का एक समय फिक्स करें कि आप किस समय से किस समय तक काम करेंगी।
- पूरे दिन काम को फैलाकर न रखें।
- अगर आप टेलीकॉलर के संदेश के अर्थ को नहीं समझ पा रही हैं तो पहले यह क्लियर कर लें।
- जो भी काम आपको मिला है या फिर जिस भी विषय पर आपको बात करनी है, अच्छा तो यह होगा कि फोन मिलाने से पहले आप खुद उस काम को अच्छी तरह से समझ लें, ताकि आगे कस्टमर को समझाने में आसानी हो।
- कंपनियों ने जिस संदेश को, जिस रूप में आपको संप्रेषित करने के लिए कहा है, आप वह उसी रूप में संप्रेषित करें।
- दिन भर फोन करने के काम को झल्लाहट के साथ न करें। इस काम को आराम से और शांत दिमाग से करें, तभी आप सामनेवाले को अपनी बात ढंग से समझा सकेंगी।

- अच्छा तो यह होगा कि आप घर के कामों से फ्री होकर ही यह काम करें, ताकि आपको बात करने के बीच में घर के काम को करने की टेंशन न हो।
- घर पर काम कर रही हैं तो इसका मतलब यह बिल्कुल नहीं है कि आप अपना काम अपने पति, बच्चों या फिर किसी और को सौंप खुद घर के कामों में व्यस्त हो जाएँ।

□

अनुवाद में कॅरियर

अगर आपको हिंदी व अंग्रेजी भाषा का अच्छा ज्ञान है और आप हिंदी से अंग्रेजी व अंग्रेजी से हिंदी में अच्छी तरह अनुवाद करने में सहज हैं, तो आप आराम से अनुवादक का काम कर सकती हैं। अनुवाद का काम सिर्फ हिंदी व अंग्रेजी में ही नहीं होता, बल्कि ऐसी बहुत सी भाषाएँ हैं, जिनमें आप अनुवाद कर सकती हैं। लेकिन इसके लिए जरूरी है कि उन भाषाओं पर अच्छी पकड़ और समझ हो। इसके अलावा एक भाषा में कही गई बात को दूसरी भाषा में समझा पाना भी एक कला है। अगर आपको लगता है कि आप यह काम कर सकती हैं तो यह गृहिणियों के लिए घर से ही किया जाने वाला एक अच्छा होम बिजनेस हो सकता है।

ट्रेनिंग—अनुवाद का कोर्स कई संस्थानों से कर सकते हैं, जैसे कि 'केंद्रीय हिंदी संस्थान' आदि। विभिन्न विश्वविद्यालयों से अनुवाद के प्रोफेशनल कोर्स के अलावा अलग-अलग संस्थानों से भी अनुवाद का प्रशिक्षण लिया जा सकता है। देश में स्थित कई विश्वविद्यालयों द्वारा फॉरेन लैंग्वेज के लिए सर्टिफिकेट कोर्स कराए जाते हैं। ध्यान रहे, इस काम को करने के लिए ग्रेजुएट होने के साथ-साथ अंग्रेजी विषय पर भी अच्छी पकड़ होनी चाहिए।

कौशल प्राप्त करें—अनुवादक का काम किसी फॉर्मूले पर आधारित नहीं होता है और न ही शब्दों के हू-ब-हू अर्थों को शब्दकोश से लेकर वाक्यों में पिरोने जैसा काम है। इसके लिए दोनों भाषाओं का ज्ञान होना जरूरी है। समूचे कथन का अभिप्राय समझने के बाद ही उक्त भाव को नए सिरे से शब्दों में व्यक्त किया जा सकता है। यह कला अभ्यास और निरंतर अपनी गलतियों को सुधारने से ही विकसित की जा सकती है। इसका सबसे आसान तरीका है—अंग्रेजी के अखबारों

में प्रकाशित होने वाले एजेंसियों के समाचारों का अनुवाद करना और फिर उसी खबर को हिंदी अखबारों में प्रकाशित होनेवाले अनुवाद से मिलाना। यह अभ्यास जल्द ही आपको इस विधा में पारंगत कर सकता है।

योग्यता—सबसे पहले यह जान लेना जरूरी है कि अनुवाद किसी भाषा विशेष का दूसरी भाषा में सीधे तौर पर रूपांतरण नहीं होता, बल्कि यह किसी एक भाषा की आत्मा को दूसरी भाषा में उतार देने की संपूर्ण कला है। आप इस कला में जितने निपुण होंगे, सफलता की राह उतनी ही आसान होगी। अनुवाद के लिए विषय संबंधी गहरी जानकारी के साथ-साथ अभिव्यक्ति की योग्यता भी होनी चाहिए।

किनसे मिलें—सबसे पहले इंटरनेट के जरिए व अपने मित्रों तथा परिचितों की जान-पहचान के आधार पर एक लिस्ट तैयार करें कि आपके शहर में कहाँ-कहाँ और कितने प्रकाशन समूह हैं। इसके बाद एक-एक करके इन सभी जगहों पर अपने लिए काम की बात करें। शुरुआत में थोड़े चक्कर लगाने पड़ सकते हैं, पर एक बार काम मिलना शुरू हो गया तो काम मिलता ही जाएगा। पब्लिक सेक्टर की पत्रिकाओं से भी अनुवाद का काम मिल सकता है। इनकी पत्रिकाएँ अंग्रेजी में होती हैं और इनका हिंदी संस्करण हिंदी अनुवादकों की मदद से निकाला जाता है। विज्ञापन एजेंसियों में भी ब्रोशर्स, पोस्टर आदि सामग्रियों के अनुवाद करने का काम मिल सकता है। इसके अलावा स्वयंसेवी संस्थाएँ भी अपनी पत्रिकाओं का हिंदी या अन्य भाषाओं में अनुवाद कराती हैं।

जरूरत की चीजें—इस काम को आप अपने घर से शुरू कर सकती हैं। इसके लिए आपको ज्यादा कुछ नहीं, कॉपी, कागज, पेन, पेंसिल, रबर, शब्दकोश की जरूरत होती है। वैसे अगर आपका बजट हो तो एक कंप्यूटर अवश्य ले लें, क्योंकि इसके जरिए आप आसानी से अपना काम कर सकती हैं; क्योंकि इसमें इनबिल्ट डिक्शनरी भी मिल जाती है। इसमें आप टाइप करके आसानी से ऑनलाइन मेल के जरिए अपना मैटर भी भेज सकती हैं। अगर आप पेज पर लिखती हैं तो एक जगह पर गलत हो जाने पर दोबारा पूरा पेज लिखना पड़ता है, इससे पेज की बरबादी होती है, लेकिन कंप्यूटर पर आप उसी जगह से डिलीट कर उसी जगह से आगे बढ़ सकती हैं।

तैयारी किन बातों की—अनुवाद कार्य किसी भी चीज का हो, इसमें सबसे बड़ी आवश्यकता इस बात की है कि सबसे पहले उसकी पूरी स्टडी की

जाए। फिर एक आउटलाइन बनाई जाए। अगर अनुवाद कुछ तकनीकी है, तो उसके कठिन शब्दों की एक लिस्ट अर्थ सहित तैयार कर लेनी चाहिए, ताकि अनुवाद करते समय कोई प्रॉब्लम न हो।

आमदनी—आजकल पत्रकारिता की वजह से हिंदी का बाजार भी काफी बढ़ गया है। इस काम के जरिए अच्छे पैसे कमाए जा सकते हैं, वह भी अपने घर-परिवार की जिम्मेदारियों के साथ। यह आप पर निर्भर करता है कि आप अपने इस काम के लिए कितना वक्त निकाल पाती हैं, क्योंकि आप जितना ज्यादा काम करेंगी, आपकी आमदनी उतनी ही ज्यादा होगी। विभिन्न समाचार-पत्र और पत्रिकाओं के लेखों का अनुवाद करके आप अच्छे पैसे कमा सकती हैं। इसके अलावा पुस्तकों के अनुवाद का काम लंबा होता है। इसमें प्रति पेज और प्रति शब्द के हिसाब से पैसे मिलते हैं। प्रति पेज के हिसाब से 60 से लेकर 150 रुपए तक मिल जाते हैं। विज्ञापन एजेंसियों में भी काम के बदले अच्छे पैसे मिलते हैं।

सफलतापूर्वक काम करने के गुण—किसी भी क्षेत्र में सफलतापूर्वक कार्य करने के लिए उस कार्य में रुचि होनी चाहिए। उस कार्य के प्रति ईमानदारी हो और जो भी कार्य करें उसमें आप पारंगत हों तथा कार्य निष्ठा व लगन से किया जाए।

अवसर यहाँ भी हैं—आप चाहें तो खुद से भी अनुवाद का काम कर सकती हैं, जैसे कि उन किताबों को चूज करें, जिनका अभी तक अन्य भाषाओं में अनुवाद नहीं हुआ हो। ट्रांसलेट करने के बाद उसका एक सैंपल आप संबंधित प्रकाशक के पास भेजें। यदि आपका काम पसंद किया जाता है तो आपको अवश्य ही आगे भी अवसर मिलेंगे।

इसके अलावा ऐसी कंपनी, जिसके विदेशों में व्यापारिक संबंध हैं और जहाँ अलग-अलग भाषाएँ व्यवहार में लाई जाती हैं, वहाँ अनुवादकों की आवश्यकता भी होती है। हालाँकि ऐसी गिनी-चुनी कंपनियाँ ही हैं, जिनके नियमित स्टाफ में अनुवादक भरती किए गए हैं। लेकिन ये कंपनियाँ भी प्रोजेक्ट-टू-प्रोजेक्ट के आधार पर फ्रीलांस की सेवाएँ लेना पसंद करती हैं। आप इन्हें भी ज्वाइन कर सकती हैं।

ध्यान दें

- भाषा पर अच्छी पकड़ ही आपको ऊँचाइयों तक पहुँचाएगी।

- अगर आप कागज पर लिख रही हैं तो साफ-साफ लिखें, ताकि पढ़नेवाले को कोई दिक्कत न हो।
- जिन शब्दों का अर्थ आपको नहीं पता या फिर संशय हो, उन्हें आप शब्दकोश से अच्छी तरह पता करके ही लिखें, आपके द्वारा की गई एक छोटी सी गलती अर्थ कर अनर्थ भी कर सकती है। इस बात का विशेष ध्यान रखें, क्योंकि इसी से आपकी इमेज बनेगी।
- अपनी डेडलाइन का ध्यान रखें और काम समय से पूरा करके दें।
- दोनों ही भाषाओं के मुहावरों और लोकोक्तियों का पूरा ज्ञान होना चाहिए।
- जिस विषय पर आप काम कर रही हैं, आपमें उससे संबंधित ज्ञान और विषय के अनुकूल शब्दों का चयन करना भी आना चाहिए।
- ऐसे विषय चुनें, जो आसानी से उपलब्ध न हों।
- उधारी पर काम करना सीखें। भुगतान अवधि लंबी रखने पर ज्यादा काम मिल सकता है। अधिकांश एजेंसियों को अपने ग्राहकों से 60 या 75 दिनों में भुगतान मिलता है। इसलिए वे आपको इससे पहले भुगतान नहीं करना चाहेंगी।
- अनुवाद की भाषा सहज और प्रवाहशील होनी चाहिए, ताकि पाठक अटके नहीं और उसे अनुवाद को पढ़ने के लिए मूल पाठ को देखने की आवश्यकता न पड़े।
- उसके अनुवाद से वही अर्थ निकलना चाहिए, जो मूल पाठ में था।
- अनुवाद करते समय आपको लगन, परिश्रम और धैर्य की आवश्यकता होती है।
- काम उतना ही लें, जितना आप आसानी से कर पाएँ।
- प्रतिस्पर्धात्मक दरें प्रस्तुत करें, इसके लिए मार्केट रिसर्च करें।
- एक अनुवादक के तौर पर आपको कई बार महीनों तक फुरसत नहीं मिलती और कई बार हफ्तों खाली बैठना पड़ सकता है। इसलिए, हर परिस्थिति के लिए तैयार रहें।
- सबसे अच्छा अनुवाद वह है, जिसमें अनुवाद की गंध तक न हो, पाठक को पढ़कर ऐसा लगना चाहिए कि वह अनुवाद नहीं मूल पाठ ही पढ़ रहा है।
- एक अच्छे अनुवादक के लिए सबसे जरूरी है कि समय के साथ अंग्रेजी-

हिंदी अनुवाद की दुनिया में आए बदलाव, चलन और बहसों की जानकारी होना और उस आधार पर खुद को अपडेट करते रहना।

- अनुवाद से पैसा बनाने वालों को यह बात नहीं भूलनी चाहिए कि एजेंसी केवल भाषाई ज्ञान ही नहीं परखती, बल्कि इस कार्य में कॅरियर बनानेवालों को उस देश के अर्थशास्त्र, वाणिज्य और राजनीति के थोड़ा-बहुत ज्ञान को भी परखना चाहती है। इस संबंध में तकनीकी और सामान्य ज्ञान की जागरूकता भी मददगार साबित होती है।

□

ट्रैवल एजेंट

ट्रैवलिंग एजेंसी का काम शुरू करने के लिए आप 'टूअर्स ऐंड पैकेज' का काम शुरू कर सकती हैं। इसके लिए आप को विभिन्न घूमनेवाली जगहों पर होटलवालों के साथ पहले ही बात करनी होती है कि आप इस सीजन में कितने कस्टमर उनके पास भेजेंगे। ये पैकेज डोमेस्टिक और इंटरनेशनल दोनों ही हो सकते हैं। इसके साथ आप हवाई टिकट्स भी सेल कर सकती हैं। इसे सेल करने के लिए दो तरह के एजेंट होते हैं—एक आई.ए.टी.ए 'इंटरनेशनल एअर ट्रांसपोर्ट एसोसिएशन एजेंट' और दूसरा नॉन आई.ए.टी.ए एजेंट यानी 'इंटरनेशनल एअर ट्रांसपोर्ट एसोसिएशन एजेंट' इन्हें 'फुल एजेंट' और 'सब एजेंट' के नाम से भी जाना जाता है।

जगह कितनी चाहिए—यह काम आप अपने घर के एक कमरे से भी शुरू कर सकती हैं। अपने इस नए काम के लिए आपके पास कंप्यूटर, इंटरनेट, फोन की सुविधा व दो चेयर और एक टेबल की जरूरत होती है।

रजिस्ट्रेशन—एक नॉन आई.ए.टी.ए एजेंट को रजिस्ट्रेशन की आवश्यकता नहीं होती। आई.ए.टी.ए की एयरलाइंस के साथ डायरेक्ट डीलिंग होती है, आई.ए.टी.ए एजेंट से टिकट खरीदकर आप अपने क्लाइंट को बेच सकती हैं।

टिकट्स कैसे खरीदें—अपने काम के शुरुआती दौर में टिकट्स खरीदने के लिए पैसा करंट डेटेड चेक के रूप में पेमेंट करना जरूरी होता है। जिसके लिए 60 हजार से ढाई लाख तक में आपका काम चल सकता है। धीरे-धीरे ये टिकट्स आपको उधार भी मिलने लगते हैं। आई.ए.टी.ए एजेंट से आप 7 दिन के उधार पर टिकट्स ले सकती हैं। इसके बाद इन टिकट्स को अपने क्लाइंट को बेच दें और 7 दिन के भीतर एजेंट को पेमेंट कर दें। अगर आपको यह काम करते हुए थोड़ा समय हो जाए और एजेंट से आपके अच्छे संबंध बन जाएँ तो आप 30 दिन की

समय-सीमा के लिए भी ये टिकट्स उधार ले सकती हैं।

आई.ए.टी.ए एजेंट कैसे बनें—आई.ए.टी.ए एजेंट बनने के लिए आपको आई.ए.टी.ए के क्षेत्र में एक फाउंडेशन कोर्स करना होता है। आई.ए.टी.ए एक एसोसिएशन होती है, जिसकी मैंबरशिप लेना आई.ए.टी.ए एजेंट के लिए जरूरी होता है। इस मेंबरशिप फीस का खर्चा 10 लाख होता है। आई.ए.टी.ए एजेंट के लिए ऑफिस की जगह, पैंट्री, सेफ, स्टाफ आदि सभी कुछ आई.ए.टी.ए के हिसाब से होना चाहिए। इसे आप घर से शुरू नहीं कर सकतीं। घर से आप नॉन आई.ए.टी.ए एजेंट बनकर काम शुरू कर सकती हैं।

नॉन आई.ए.टी.ए एजेंट बनने के लिए—नॉन आई.ए.टी.ए एजेंट बनने के लिए आप को 12वीं पास होना चाहिए। इसके साथ ही कंप्यूटर की थोड़ी-बहुत नॉलेज होनी चाहिए। इंटरनेट से आप भली-भाँति परिचित हों। आपको एयर टिकट और पैकेज के विषय में जानकारी होनी चाहिए। आपके अंदर दूसरों से बातचीत करने की कला होनी चाहिए, ताकि आप अपने पैकेज और टूर के बारे में लोगों को आसानी से समझ सकें और उन्हें अपनी कंपनी से पैकेज लेने के लिए प्रभावित कर सकें।

कमाई—इस 'होम बिजनेस' से आप घर बैठे 20 से 30 हजार रुपए महीना कमा सकती हैं। सीजन में तो आप इससे दोगुना और चौगुना कमा सकती हैं। अगर बच्चों की छुट्टियाँ हों, हनीमून कपल्स या फिर नौकरी करने विदेश जाना हो, तो उन्हें एजेंट से संपर्क तो करना ही पड़ता है।

ध्यान दें

- ट्रैवल एजेंट को हिंदी-अंग्रेजी के अलावा किसी और भाषा का ज्ञान हो तो अच्छा रहेगा, क्योंकि वह इंटरनेशनल ट्रैवल के लिए अच्छा है।
- ट्रैवल के लिए आनेवाली कई सारी मैगजीन को पढ़कर अपडेट रहें कि इस इंडस्ट्री में आजकल क्या हो रहा है।
- क्लाइंट कोई भी हो ,आप उससे प्यार से बात करें। एक बात समझ लें कि आपके व्यवहार पर ही आपका काम टिका है। अगर क्लाइंट को एक बार आपकी सेवाएँ पसंद आईं तो वह बार-बार आपसे ही संपर्क करेगा। ऐसे रेगुलर कस्टमर बनाना आपके बिजनेस के लिए काफी अच्छा है।
- अपनी बात समझाने की कला भी आपको आनी चाहिए, ताकि क्लाइंट पूरी तरह संतुष्ट हो सके। वह संतुष्ट होगा, तभी आपकी सेवाएँ लेगा।

- क्लाइंट के द्वारा पूछे गए किसी प्रश्न का जवाब अगर आपके पास नहीं है तो उसे गुमराह न करें, बल्कि साफ शब्दों में उसे समझा दें कि आप यह जानकारी पता करके बताएँगे। यह जवाब गलत जवाब दिए जाने से तो बेहतर ही होगा।

□

ट्यूशन सेंटर

आप हमेशा से पढ़ाई में अच्छी थीं और टीचर भी बनना चाहती थीं, पर इस क्षेत्र में कुछ खास नहीं कर पाईं। अगर इस बात का आपको आज भी अफसोस है तो कोई बात नहीं, इस काम को करने की न तो कोई उम्र है और न ही नौकरी करने की जरूरत। आप चाहें तो घर बैठे ही अपनी विद्या को बाँट अपनी पढ़ाई का इस्तेमाल भी कर सकती हैं और घर में अपना खाली टाइम भी इस्तेमाल कर सकती हैं। आइए जानें कैसे—

ट्रेनिंग—बच्चों को ट्यूशन पढ़ाने के लिए किसी भी तरह की कोई ट्रेनिंग की जरूरत नहीं है। बस इसके लिए आपकी एजुकेशन और पढ़ाने का अनुभव काम में आता है। सबसे पहले तो आपको इसके लिए यह करना होगा कि आप किस विषय में सबसे ज्यादा अच्छी हैं और कौन से ऐसे विषय हैं, जिन्हें आप आसानी से बच्चों को पढ़ा पाएँगी। अगर अपने विषय पर अच्छी पकड़ हो और दिल में बच्चों को पढ़ाने का जज्बा हो तो कोई भी इस तरह से ट्यूशन ले सकता है। बच्चों को पढ़ाने के लिए उनकी मनोवैज्ञानिकता को समझना जरूरी होता है। हर बच्चा दूसरे बच्चे से अलग होता है। कोई कही हुई बात जल्दी समझ लेता है तो किसी को देर से समझ आती है; कोई अपना पाठ जल्दी याद कर लेता है, तो कोई देर से करता है। इसे ध्यान में रखकर ही बच्चे की पढ़ाई में रुचि पैदा की जा सकती है।

प्रचार कैसे करें

- अपने ट्यूशन सेंटर के कुछ बैनर छपवा लें और उसे घर के आस-पास लगा दें।
- अखबारवाले से संपर्क करें और उससे तय कर लें कि वह अखबार में

आनेवाली मैगजीन के साथ आपके छपवाए पैंफलेट भी रख देगा।

- कुछ ट्रायल क्लासेज रखें। इससे ज्यादा-से-ज्यादा बच्चे आपके पास आएँगे और अगर उन्हें आपके पढ़ाने का तरीका पसंद आया तो वे परमानेंट हो जाएँगे।
- किसी विषय की ट्यूशन लेने के बाद बच्चा पढ़ाई में अच्छा हो जाए और उसके नंबर अच्छे आ जाएँ तो उसमें आपकी मेहनत अपने आप झलकने लगेगी। इससे आपके ट्यूशन की साख बढ़ेगी। तथा देखा-देखी दूसरे बच्चे भी आपसे पढ़ने आएँगे।

काम कैसे शुरू करें—इस काम को करने के लिए किसी खास चीज की नहीं, बल्कि शांति की जरूरत होती है। इसलिए पढ़ाने के लिए घर का वह कमरा चुनें, जहाँ बाहर का शोर कम आता हो, वरना बच्चों का ध्यान पढ़ने में कम और बाहर ज्यादा लगा रहेगा। वैसे आप चाहें तो पढ़ाने वाले कमरे में कुरसियाँ और मेज लगवा सकती हैं, नहीं तो आप डाइनिंग टेबल से भी काम चला सकती हैं। इसके अलावा आपको खुद ही बहुत सी तैयारी करनी होगी, ताकि बच्चे ढंग से पढ़ पाएँ। जैसे कि—

- किसी विषय से संबंधित किसी चैप्टर को बच्चों को समझाने से पहले यह जरूरी है कि पहले आप खुद उसे समझकर क्लियर कर लें।
- बच्चों को वह चैप्टर अच्छी तरह से समझा देने के बाद 3-4 पुस्तकों से पढ़कर उसके नोट्स बनाकर भी बच्चों को दे सकती हैं।
- इन नोट्स को हर साल अपडेट करें। एक बार की गई आपकी मेहनत पूरे साल काम आएगी और बच्चों को इससे पढ़ाई में काफी मदद मिलेगी तथा जब उनका रिजल्ट अच्छा आएगा तो नाम तो आपका ही होगा, क्योंकि आप उनकी टीचर जो ठहरीं।
- पाठ्यक्रम में हर साल कुछ-न-कुछ बदलाव आता ही रहता है, उसी के अनुसार अपना ज्ञान भी बढ़ाएँ।
- समय-समय पर इंटरनेट के जरिए भी अपनी जानकारी बढ़ाती रहें।
- बच्चों के पाठ्यक्रम को समय के हिसाब से हिस्सों में बाँट लें और निर्धारित समय में उस पाठ्यक्रम को पूरा करें।
- पढ़ाने के बाद उस चैप्टर का टेस्ट लें या बच्चे से सुनें, ताकि यह क्लियर हो जाए कि पाठ बच्चे को कितना समझ में आया। उसे दोबारा वह पाठ समझाए जाने की जरूरत है या नहीं।

- पीछे का चैप्टर क्लियर किए बिना आगे के चैप्टर पर न जाएँ। इससे बच्चे का बेस कमजोर रह जाएगा।
- बोर्ड के विद्यार्थियों से सैंपल पेपर अवश्य हल कराएँ।
- 10वीं या 12वीं की बोर्ड की परीक्षाओं में मिलनेवाले प्रश्नपत्रों पर खास ध्यान दें। अकसर ये प्रश्नपत्र फाइनल परीक्षा का आधार होते हैं, इसलिए इन प्रश्नपत्रों की तैयारी भी अच्छे से करवा दें।
- जिस क्लास के बच्चों को आप पढ़ाती हैं, उनके कोर्स से संबंधित पुस्तकों का आपके पास भी होना जरूरी है।
- प्रोजेक्ट बनाने में हर बच्चे को गाइड करें। प्रोजेक्ट से संबंधित चीजें कहाँ से जुटाई जा सकती हैं, इस बारे में आपको पूरी जानकारी होनी चाहिए।
- बच्चों के माता-पिता के फोन नंबर अपने पास रखें। कोई भी बात हो तो उनसे संपर्क करें।
- घर में कॉपी-किताब, पेंसिल, शॉपनर भी रखें। वैसे तो बच्चे अपना सामान लेकर आते हैं, लेकिन कभी इनकी जरूरत पड़ भी सकती है।
- अपनी फीस का एक ही रेट पढ़नेवाले बच्चे की क्लास के अनुसार रखें। एक ही क्लास के बच्चों से अलग-अलग पैसे न लें। इससे आपका इंप्रेशन खराब होगा।

कमाई—ट्यूशन पढ़ाकर एक प्राइवेट स्कूल में नौकरी करनेवाली अध्यापिका के जितना तो कमा ही सकती हैं। वैसे आपकी कमाई ट्यूशन पढ़ने आनेवाले बच्चों की संख्या, उनके विषय और फीस पर निर्भर करती है।

□

स्वरोजगार की ग्रोथ कैसे करें?

आपने अगर कोई भी बिजनेस शुरू किया है तो उसके लिए आपको कई बातों का ध्यान रखना पड़ेगा, जिससे कि आपका बिजनेस आगे बढ़ सके और आप भी किसी प्रतियोगिता की दौड़ में शामिल हो सकें।

डायरी बनाएँ—जिन लोगों के साथ आप काम कर चुकी हैं, उन सभी के कॉन्टैक्ट नंबर आप अपने पास सँभालकर रखें। साथ ही आपको उन सभी के बर्थ-डे और शादी की सालगिरह भी याद होनी चाहिए, ताकि आप अगर उनके साथ काम भी नहीं कर रही हैं तो भी उनके बर्थ-डे आदि पर आप उन्हें विश कर सकें, जिससे कि आपका और उनका रिश्ता लंबे समय तक बना रहे। आप साथ काम नहीं कर रही, लेकिन हो सकता है कि भविष्य में आपको अपना बिजनेस बढ़ाने के लिए उस व्यक्ति की आवश्यकता पड़े, इसलिए अपना कॉन्टैक्ट सभी से बनाकर रखें। इसका फायदा आपको ही होगा। अपने इन कॉन्टैक्ट को सिर्फ याद ही नहीं रखना है, बल्कि समय-समय पर इनको यूज भी करना है। साथ ही इन्हें अपडेट भी करती रहें। हफ्ते में एक दिन अपनी यह डायरी जरूर चेक करें और जानें कि इस हफ्ते किस-किस का जन्मदिन है और आपको किसे बधाई देनी है।

अपडेट रहें—आपने जिस बिजनेस को शुरू किया है, उसके बारे में बारीकी से मार्केट में होनेवाली हर प्रतिक्रिया पर नज़र रखें। आपको यह पता होना चाहिए कि मार्केट में कौन सी नई चीज चल रही है और कौन सी नहीं। आपको अपने प्रोडक्ट में क्या इंप्रूव करना होगा और क्या नहीं।

गिफ्ट भेजें—मौका त्योहार का हो या फिर किसी की वर्षगाँठ का, उपहार हमेशा दोस्ती को बरकरार रखने का सबसे बेहतर तरीका होता है। अपने मित्रों के जीवन से जुड़ी खास तारीखों पर आप उन्हें अवश्य याद करें और उपहार भी दें। अब यह उपहार कैसा होना चाहिए, यह तो आपको ही तय करना होगा। गिफ्ट न

तो ऐसा हो कि कोई उसे रिश्वत समझ बैठे और न ही इतना सस्ता और छोटा कि कोई बुरा मान जाए। इसलिए गिफ्ट का चुनाव सोच-समझकर अपनी पॉकेट और सामनेवाले व्यक्ति को देखकर ही करें।

पार्टियाँ करें—पार्टी देने के लिए तो किसी बहाने की जरूरत भी नहीं होती है। बस जब आप थोड़ी सी फ्री हों और पार्टी करने का मन हो, तो इनवाइट कर लीजिए अपने दोस्तों को। यकीनन इसका फायदा आपके बिजनेस को तो होगा ही, साथ ही कुछ नए कॉन्टैक्ट और नई जानकारियाँ भी मिलेंगी। पार्टी का वेन्यू और मैन्यू आप अपने बजट के अनुसार तय कर सकती हैं। पार्टी में बहुत सारे लोगों को बुलाने की बजाय सिर्फ उन्हीं लोगों को बुलाएँ, जिनके लिए आपको लगता है कि इनसे आपको कोई फायदा हो सकता है या नया काम मिलने की उम्मीद हो। पार्टी का मूड थोड़ा हलका-फुलका ही रखें। आपकी बातचीत से ऐसा भी नहीं झलकना चाहिए कि आपने उन्हें सिर्फ बिजनेस पाने के उद्देश्य से ही बुलाया है। बिजनेस की बातों के अलावा भी 'पार्टी मूड' को एंजॉय करें। अपने मित्रों के दोबारा करीब जाने का यह एक बेहतरीन मौका साबित हो सकता है।

फैमिली फंक्शन करें—फैमिली फंक्शन करने से भी आपके बिजनेस को फायदा होगा। आप अपने मित्रों को सपरिवार आमंत्रित करें। इससे आप सभी के परिवार एक-दूसरे को जान जाएँगे। ऐसे में आपका काम करना और भी आसान हो जाएगा। आपके परिवार के लोग भी जब उन लोगों को जान जाएँगे, जिनके साथ आप काम करती हैं तो उनका भी पूरा सहयोग आपको मिलेगा; क्योंकि अब वे इस बात से अनजान नहीं होंगे कि आपका मिलना-जुलना किन लोगों के बीच है।

मदद करें—हालाँकि बिजनेस पैसा कमाने के लिए किया जाता है, लेकिन इस सच से भी इनकार नहीं किया जा सकता कि किसी भी बिजनेस की सफलता के लिए लोगों से संपर्क बढ़ाना आवश्यक है। यदि कभी आपके किसी मित्र को आपकी सहायता की जरूरत पड़ती है और इसके लिए आपको अपने कुछ कॉन्टैक्ट यूज करने पड़ें तो ऐसा करने में हिचकिचाएँ नहीं; क्योंकि एक बात जान लें, कोई भी बिजनेस एक-दूसरे के सहयोग व साथ से ही चलता है। अगर आप अपने मित्र की मदद कर रही हैं, तो कल वह भी जाने कब, किस मोड़ पर आपके काम आ जाए। आपके जितने ज्यादा संपर्क होंगे, उतना ही आपका बिजनेस को मैनेज करना आसान हो जाएगा।

काम हो बेहतरीन—आपने जो भी क्षेत्र चुना है, उसमें आगे बढ़ने के लिए जरूरी है कि आपका काम सबसे बेहतर हो, अलग हो। उसमें कुछ ऐसी बात होनी

चाहिए, जो कि उस काम को करनेवाले बाकी लोगों में नहीं हो। आपके उस काम से संबंधित मार्केट में जो भी कुछ चल रहा हो, पहले आप उसे अच्छी तरह देख-परख लें और उसके बाद डिसाइड करें कि आपको अपने काम का प्रारूप कैसा रखना है! आप चाहें तो अपने डिजाइंस या काम में मार्केट में आई चीजों से थोड़ा चेंज कर उसे नया लुक दे सकती हैं। साथ ही यह भी ध्यान रखें कि आपका जो भी काम हो, वह पूरी सफाई और तरीके किया गया हो। अगर आपका काम अच्छा होगा तो आपको काम की कभी कमी नहीं होगी। लेकिन अगर काम में कुछ गड़बड़ हुई तो ग्राहक एक बार आकर दूसरी बार नहीं आएगा।

ईमानदारी का साथ न छोड़ें—अपने काम के प्रति हमेशा ईमानदार बने रहने से आपकी साख मार्केट में बनती ही जाएगी और आपको घर बैठे खूब काम मिलेगा; क्योंकि 'होम बिजनेस' में आपकी इमेज आपको घर बैठे काम दिलाने में काफी मदद करेगी, इसलिए उसे बनाने की पूरी कोशिश करें।

मेहनत दिलाएगी सफलता—किसी भी काम में सफलता हासिल करने का मूल मंत्र है—मेहनत। अगर कोई भी काम पूरी मेहनत और लगन से किया जाए तो उसमें सफल होने से कोई नहीं रोक सकता। यह जरूर हो सकता है कि इसमें कुछ समय अधिक लग जाए, लेकिन सफलता मिलेगी जरूर। इसलिए अगर आप अपना काम पूरी मेहनत से करें, काम को अपना पूरा 100 प्रतिशत देंगी, तो मंजिल तक जरूर पहुँचेंगी।

सफलता के मूल मंत्र

- आप जो भी काम करना चाहती हैं, उसे करने का दृढ़ निश्चय कर लें कि आपको यह काम करना ही है, फिर चाहे राह में कितनी भी तकलीफें क्यों न आएँ।
- अपनी क्षमता और स्किल्स के मुताबिक स्वरोजगार चुनें।
- जिस काम को शुरू करने के बारे में आपने सोचा है, पहले उससे संबंधित काम की ट्रेनिंग लें। बिजनेस मैनेजमेंट ट्रेनिंग स्किल्स कई संस्थानों में सिखाई जाती हैं।
- अपने बिजनेस के संदर्भ में मार्केट की स्थिति का जायजा लें और उसी के अनुसार अपने प्रोडक्ट की क्वांटिटी व क्वालिटी तय करें।
- मार्केट में प्रोडक्ट की माँग-पूर्ति, जरूरत के अनुसार क्वालिटी में बदलाव, प्रतियोगिता, कीमत, वितरण नीति आदि के बारे में अप-टू-डेट रहें।

- जहाँ बिजनेस शुरू कर रही हैं, वहाँ आवश्यक हुनर, संसाधन, बाजार आदि उपलब्ध है या नहीं, इसका भी ध्यान रखें।
- मार्केट के कायदे-कानून के बारे में पता होना चाहिए।
- लगन, धैर्य के अलावा लक्ष्य के प्रति अडिग रहना बेहद जरूरी है।

□

योग में कॅरियर

आजकल युवा लड़कियाँ अपनी फिगर को लेकर जागरूक हैं तो उम्रदराज औरतें अपने स्वास्थ्य को लेकर चिंतित हैं। यही कारण है कि दिन-प्रतिदिन लोगों में योग के जरिए फिट रहने की इच्छा बढ़ रही है। वैसे भी योग ने साबित कर दिया है कि वह स्वस्थ और सुंदर बनने की कुंजी है। भारत में पुरातनकाल से ही योग ऋषि-मुनियों के जीवन का अभिन्न अंग रह चुका है। लेकिन एक दशक पहले अपना अस्तित्व खो रही इस विद्या को लोगों तक पहुँचाने का काम योग गुरुओं ने किया है। वाकई योग स्वस्थ रहने की कला के साथ-साथ कमाई का एक अच्छा जरिया भी है।

ट्रेनिंग—दिल्ली में गुरुद्वारा बँगला साहिब के पास स्थित 'मोरारजी देसाई राष्ट्रीय योग संस्थान' से 3 से लेकर 6 महीने की अवधि का कोर्स किया जा सकता है। कुछ संस्थान डिप्लोमा कोर्स भी कराते हैं, वहाँ से भी आप संपर्क कर सकते हैं। कई निजी संस्थानों से पोषक विज्ञान के शॉर्ट टाइम कोर्स किए जा सकते हैं। इसके साथ एक्यूप्रेशर की भी जानकारी ली जा सकती है। चाहें तो पत्राचार के माध्यम स्ट्रेस मैनेजमेंट जैसे पाठ्यक्रम भी कर सकती हैं।

आमदनी—इस काम को आप घर से ही पार्ट टाइम या फुल टाइम शुरू कर सकती हैं। इस काम से आप 5 हजार से लेकर 20 हजार तक आसानी से कमा सकती हैं। इस फील्ड में अभी भी कम लोग हैं, इसलिए इस काम के चलने की संभावनाएँ ज्यादा है।

कैसे करें—यह काम शुरू करने के लिए यह जरूरी है कि पहले आप योग से संबंधित पैंफलेट छपवाएँ। इसमें 1-2 रोगों और यौगिक विधि से होने वाले उसके उपचार का विवरण दें। आस-पास के गर्ल्स स्कूल और कॉलेज की छात्राओं के लिए घर पर ही निःशुल्क प्रशिक्षण देने का काम शुरू करें। इससे एक विशेष

वर्ग को आपके योग ज्ञान की जानकारी मिलेगी। किशोरियों में योग का काफी क्रेज है, इसलिए इनकी जरूरत को समझते हुए इनको योग सिखाएँ। इसके अलावा महिलाओं के लिए काम करनेवाली गैर-सरकारी संस्थाओं में भी पैंफलेट बँटवा सकती हैं। इसकी जानकारी देने के लिए विभिन्न संचार माध्यमों, जैसे पत्र-पत्रिकाओं और टीवी चैनलों का सहारा लिया जा सकता है। आप चाहें तो कॉलोनी की कुछ महिलाओं या परिवार के सभी सदस्यों को एक सप्ताह फ्री में योग सिखा सकती हैं। इससे लोग आपके काम को देखकर खुद ही आगे सीखना चाहेंगे।

ध्यान देने योग्य बातें

- योग प्रशिक्षक बन जाने के बाद योग संस्थाओं के संपर्क में रहें और वहाँ आयोजित होनेवाले योग शिविरों में भाग लें।
- अगर योग सिखाने का समय एक घंटा तय हुआ है तो उससे अधिक भले ही सिखाएँ, पर उससे कम समय न सिखाएँ।
- जिस कमरे या जगह पर आप योग सिखा रही हैं, उस स्थान पर पानी पीने का पर्याप्त इंतजाम करें, क्योंकि योग करने के बाद अगर किसी को पानी की जरूरत पड़े तो उसे तुरंत मिल जाए।
- किसी भी नए व्यक्ति को योग सिखाने से पहले यह जानकारी ले लें कि उसे कोई बीमारी तो नहीं है; क्योंकि अगर उसे हाई या लो ब्लडप्रेशर या फिर शरीर के किसी अंग में दर्द की शिकायत है तो आपको उसे सोच-समझकर योग कराना पड़ेगा, नहीं तो उसके लिए योग करना ठीक नहीं रहेगा।
- एक बात का ध्यान अवश्य रखें कि योग आप केवल पैसे कमाने के उद्देश्य से नहीं सिखाएँ, बल्कि इससे मन से जुड़ें तभी आप एक अच्छी योगगुरु बन पाएँगी।

□□□